시간이 없는 사람들을 위한
빠르고 단단한 공부법

시간이 없는 사람들을 위한
빠르고 단단한 공부법

초판 1쇄 인쇄 2018년 11월 14일
초판 1쇄 발행 2018년 11월 21일

지은이 크리스티안 그뤼닝
옮긴이 염정용

책임편집 김소영
홍보기획 문수정
디자인 신묘정

펴낸이 최현준·김소영
펴낸곳 빌리버튼
출판등록 제 2016-000166호
주소 서울시 마포구 양화로 15안길 3 201호(윤현빌딩)
전화 02-338-9271 | **팩스** 02-338-9272
메일 contents@billybutton.co.kr

ISBN 979-11-88545-36-0 03190

이 도서의 국립중앙도서관 출판예정도서목록(CIP)은 서지정보유통지원시스템 홈페이지(http://seoji.nl.go.kr)와 국가자료공동목록시스템(http://www.nl.go.kr/kolisnet)에서 이용하실 수 있습니다.(CIP제어번호:CIP2018035664)

내 삶에 몰입하는 시간, 플로우

시간이 없는
사람들을 위한

빠르고 단단한 공부법

크리스티안 그뤼닝 지음
염정용 옮김

플로우 FLOW

목표를 성취하는 그 순간을 머릿속으로 생각해보라.
이것은 뇌에게 나아가야 할 방향을 제시하는 것과 같다.
뇌는 생각 속의 목표를 실현하려는 경향이 있다.
당신의 뇌를 믿어라.

아무리 시간이 없어도 누구나 공부를 잘할 수 있다

"공부를 잘하려면 특별한 재능이 있어야 할까요?"

내가 진행하는 학습세미나에서 나오는 질문이다. 우선 기쁜 소식은 공부를 잘하기 위해 특별한 재능이 있거나 똑똑해야 할 필요는 없다는 점이다. 사람은 누구나 학습 능력의 차이를 가지고 태어나고, 그 능력을 어린 시절에 서로 다르게 발전시키는 것도 사실이다. 그러나 조금만 노력하면 누구나 학습 능력을 향상시킬 수 있다. 지금 당신이 어떤 수준이든 상관없다. 스스로 부족하다고 느끼거나 남들과 비교해서 평범한 수준이라고 느끼는 사람은 월등히 능력이 향상될 것이고, 뛰어난 재능을 가진 사람이라도 자신의 능력을 크게 앞지르게 된다. 그러니 지금부터 시작해보자.

인생은 끊임없이 배우는 과정이다. 학교 시험이나 대학 입시를 준비하는 청소년, 취직시험이나 국가고시를 준비하는 젊은이, 기업교육 혹은 개인적인 공부를 하는 일반인 등 누구나 계속해서 지식을 습득해야 한다.

빠르게, 단단하게 공부할 수 있는 확실한 방법

이 책을 다 읽고 나면 당신은 텍스트를 더 빨리, 더 잘 이해하면서 읽게 된다. 복잡한 정보도 뇌가 잘 처리할 수 있게 정리해서 자신이 이미 갖고 있는 지식과 힘들이지 않고 연결시킬 수 있게 된다. 이렇게 '구성'된 지식은 다시 쉽게 '재구성'할 수 있고, 또 결정적인 순간에 언제든 꺼내 쓸 수도 있다. 올바른 시간관리법을 배우면 이 과정이 더욱 효과적으로 촉진된다. 당신은 집중력을 향상시키고, 중요한 과제에 필요한 강한 의욕을 고취시키는 법도 배우게 된다. 그리고 이 모든 것을 최소한의 스트레스를 받지 않고도 할 수 있다. 이 말이 믿기 힘든가? 그렇다면 놀라운 결과를 지켜보도록 하라.

이 책에는 공부에 실제로 도움이 되지 않는 장황한 설명은 들어 있지 않다. 나는 효과적으로 공부하는 규칙들을 간략하지만 완벽하게 알려주려고 한다. 그러기 위해서는 정말 중요한 것이 무엇인지 알기만 하면 된다. 이 지식은 학습 분야에서 중요하게 거론되는 모든 책과 수많은 강좌에 대해 그것이 유용한지 일일이 검증해본 오랜 경험에서 비롯되었다.

나는 사법고시 준비를 계기로 공부에 관심을 갖기 시작했다. 이전까지만 해도 법학은 내게 그리 절실한 과목은 아니었다. 다른 과목에도 흥미가 있었고, 대학 시절부터 개인 사업을 하느라 바쁘기도 했으며, 전 유럽을 돌아다니며 세미나도 열어야 했다. 그래서 시험 준비를 할 시간이 별로 없었다.

보통 사법고시 수험생은 시험 준비를 제대로 하기 위해 졸업하기 전 1~2년을 거의 일주일 내내 아침 일찍부터 밤늦게까지 책과 씨름하며 보낸다. 그런데도 탈락률이 50퍼센트를 넘기도 한다. 이것은 내게 결코 유리한 여건이라 할 수 없었다. 그래서 나는 더욱 효과적인 공부법을 찾아나섰고, 덕분에 시간은 얼마 들이지 않았는데도 전체 졸업생의 상위 5퍼센트 이내에 들 수 있었다.

당시 나는 이 지식을 널리 알리기로 결심했다. 사시생뿐 아니라 여러 분야의 공부를 해야만 하는 사람들 모두를 대상으로 강좌를 열기로 한 것이다. 분야는 아주 다양하다. 자격시험을 위해서건, 직장이나 개인생활을 위해서건 상관없다. 왜냐하면 나는 공부하는 '내용'이 아니라 '방법'을 다루기 때문이다. 당시에 누군가가 이런 강좌를 해주었다면 나는 대단히 기뻤을 것이다. 그때 내가 할 수 있었던 거라곤 수많은 책들과 강좌에서 최고의 기법으로 소개된 것들을 일단 찾아내서 단편적으로라도 적용해보는 것이었다.

이때 늘 두 종류의 책이 눈에 띄었다. 한쪽은 대단히 흥미로워 의욕에 불을 붙이지만 공부 현실에는 별로 맞지 않았다. 기억법이나 속독법에 관한 책들이 여기에 해당한다. 이런 책들의 선전에 이끌려 사람들은 '힘들이지 않고 공부할 수 있는' 방법을 찾아냈다고 믿기 때문에 처음에는 대단히 감명을 받는다. 그렇지만 그 모든 내용이 말만 그럴듯할 뿐, 실제로는 도움이 되지 않는다는 사실을 확인하고 나면 실망이 더욱 깊어진다.

또 다른 부류는 아주 과학적이고 진지하게 설명되어 있는 책들이다. 이런 책들은 공부가 간단하다고 말하지 않기 때문에 잘 팔리지 않지만, 현실과 일치되는 부분은 더 많다. 그렇지만 이론이 아니라 실제로 써먹을 수 있는 살아 있는 방법을 찾아내는 일은 각자의 몫이다.

나도 이 책에서 학습과 관련된 중요한 연구 결과들을 소개하고 다음으로 실질적으로 적용하는 방법을 알려줄 것이다. 수많은 책과 강좌들이 기억술, 마인드맵 작성법, 시간관리 요령 같은 개별 테마에 관해 다루고 있지만, 이 모든 것이 공부를 할 때 서로 어떻게 연결되는지는 알려주지 않는다. 그래서 많은 사람이 이 문제의 중요성을 놓치게 된다.

나는 공부하는 데 중요한 모든 특성을 전체적으로 통합시킨 하나의 학습사이클을 만들어냈다. 이 책은 그동안 1만 명 이상이 참가한 나의 학습세미나를 토대로 쓴 것이다.

올바른 공부법으로 이끄는 학습사이클

'대기업에서의 지식관리'라는 주제에 몰두하는 동안, 다음의 그림과 동일한 단계들이 공부를 하는 데서도 작동된다는 사실

3단계 학습사이클

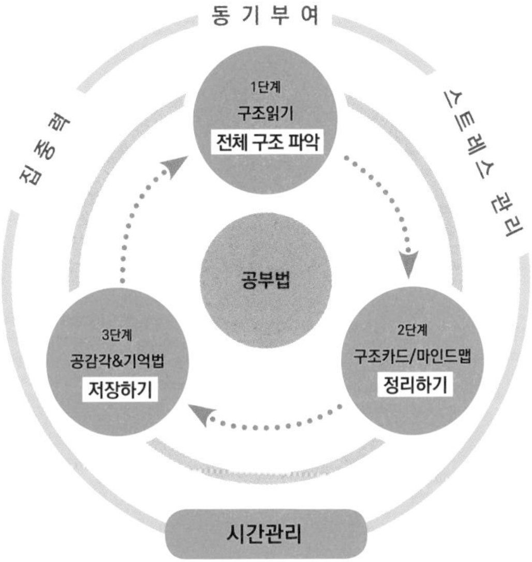

이 나의 관심을 끌었다.

먼저 학습사이클을 전체적으로 살펴보자. 1단계에서는 정보를 받아들여야 한다. 이것은 우리가 글을 더 효과적으로 읽을수록 더욱 쉬워진다. 여기에는 다양한 독서법들이 큰 도움이 된다.

이 분야에 차용된 명칭들 중의 하나가 '스피드 리딩(속독)'이다. 그러나 이 개념은 부족하다. 왜냐하면 여기서는 단지 더 빨리 읽거나 문장을 훑어보는 것뿐 아니라, 더 많이 이해하고 더 효과적으로 기억하는 것도 중요하기 때문이다. 단어 하나하나를 놓치지 않으면서 더 빠르게 읽어내는 것이 핵심이다.

스피드 리딩은 사람들이 흔히 생각하는 것과 달리 시간을 상당히 절약해줄 뿐 아니라, 읽은 내용을 더 쉽게 이해하도록 해준다. 평범한 독자들도 이것을 통해 세 배까지 더 빨리 읽으면서 게다가 더욱 깊이 이해하고 기억할 수 있게 된다. 이것은 과학적으로 입증된 사실이다. 다만 올바른 기법을 사용한다는 것을 전제로 해야 한다.

나는 스피드 리딩이라는 말 대신에 '구조읽기'라는 용어를 사용하려고 한다. 구조읽기는 조금만 시간을 들여 연습하면 누구나 금방 터득할 수 있다.

2단계에서는 뇌가 잘 처리할 수 있게 학습 내용이 정리된다. 뇌가 정보를 저장하려면 우선 정보가 구조적으로 잘 정리되어 있어야 한다. 그리고 정보가 많이 다루어졌을수록 효과적으로 학습을 마친 것이 된다.

이때 '구조카드(마인드맵)'가 상당한 도움이 된다. 앞에 제시된 학습사이클 도표 자체가 바로 구조카드의 예를 보여준다. 종이 한가운데에 주제가 놓이고, 그곳에서부터 모든 생각들이 가지를 뻗어나간다. 이것은 또한 뇌의 작동 방식과도 일치한다. 이때 각 가지들은 시계 진행 방향으로 배열되고, 그 후에는 또이 순서대로 읽힌다. 나중에 더 자세하게 설명하겠다.

이렇게 정보를 정리하는 형식은 매우 효과적인데, 또한 아주 오래전부터 시행되어온 고전적인 기법이기도 하다. 뇌가 정보를 어떻게 받아들이고 처리할 수 있는가 하는 문제는 기본적으로는 인류의 문화사만큼이나 오래된 것이다. 동굴벽화를 그리던 시대에 이미 정보는 하나의 중심으로부터 시작해서 이렇게 방사상 형태로 배열되었고, 아리스토텔레스도 키워드를 통해 인간의 기억을 다루는 법을 생각해냈다. 바로 이 원리가 구조카드의 기반이 된다. 많은 사람이 후대에 이러한 메모 방식에 갖가지 다른 명칭들을 부여했다.

1970년대에 토니 부잔Tony Buzan은 이러한 서술 방식을 더욱 발전시켜 '마인드맵'이라는 명칭을 붙였다. 현재 이 명칭이 가장 보편적으로 사용되고 있기 때문에 이 책에서도 주로 그렇게 부르기로 한다. 1단계의 '구조읽기'와 짝을 이루는 개념으로 '구조카드'라는 용어도 병행해서 사용할 것이다.

학습사이클 3단계에서는 정보가 저장된다. 이 단계는 흔히 무작정 외우는 것으로 착각하여, 사람들이 대단히 힘든 것으로 여기고 있다. 그러나 실제는 정반대다. 특히 저장하는 것은 올바른 기법을 사용하기만 하면 대단히 쉽고 재미있게 해낼 수 있다.

3단계까지 마쳤으면 우리는 정보를 꼭 필요로 하는 순간에 불러올 수 있어야만 한다. 이것이 우리가 그토록 힘들게 공부하는 궁극의 목적이다. 이 사이클은 학습 과정에 도움을 주는 핵심 능력으로 채워지게 된다.

이때 올바른 시간관리가 아주 중요하다. 시간을 제대로 사용하지 못하는 사람은 공부도 제대로 진척시키지 못한다. 목표도 없고 계획도 세우지 않고, 우선순위도 정하지 않기 때문에 너무나 많은 시간이 허비되는 것이다.

시간관리는 우리가 공부하는 시간을 더욱 효과적으로 사용하고, 여기시간을 더 많이 얻으며, 그 시간을 양심의 가책을 받지 않고 즐기도록 도와준다. 그러나 마음이 내키지 않는데도 책상 앞에 앉으려고 결심하는 것도 대단히 힘들 것이다. 강력한 동기부여 요인들을 갖게 되면, 당신은 끝마쳐야 할 과제를 더 미루지 않고 바로 착수해서 마무리하게 된다.

여기에는 당신의 주의력을 모아서 학습 자료로 향하도록 해주는 집중력이 필요하다. 이제 엉뚱한 생각을 하다가 매번 책의 같은 대목을 되풀이해 읽는 일은 없어질 것이다.

학습 자료가 우리의 능력에 과중한 부담이 되면, 우리는 스트레스를 받는다. 스트레스는 생각을 방해한다. 그러므로 스트레스를 빨리 해소하고, 다시 새로운 정보를 받아들여 생각할 수 있는 능력을 갖추는 것도 중요하다.

당신은 이 책을 읽는 동안 이 모든 공부법과 공부 기술을 익히게 된다. 그렇지만 먼저 이것들의 연관 관계를 파악하는 것이 중요하다.

학교에서 배울 수 없는 공부법의 원칙들

많은 사람이 정보를 기억하는 게 힘들다고 하소연한다. 기억을 불러오는 것, 즉 '재구성'하는 것이 아주 어렵다는 것이다. 그러나 이 말은 맞지 않다. 왜냐하면 잘못은 그 이전 단계에서부터 발생했기 때문이다. 정보가 제대로 저장되었다면, 즉 제대로 '구성'되었다면 그것은 또한 쉽게 다시 '재구성'될 수 있다. 그러므로 불러오기에 있어 결정적으로 중요한 것은 저장할 때 얼마나 효과적으로 처리 되었는가 하는 점이다.

정보는 사전에 뇌가 처리할 수 있게 잘 정리되었을 때 효과적으로 저장될 수 있다. 즉 이해된 정보만이 불러들이기도 가능하다는 것이다.

학습사이클의 각 단계는 그 이전 단계를 기반으로 삼는다. 그리고 공부가 최대한의 성과를 올리려면 각 단계마다 특정한 기본 원칙이 준수되고 특별한 기법이 적용되어야 한다. 그러나 이러한 기법은 학교에서도, 그 후의 교육과정에서도 전수되지 않는다. 이 책은 바로 이것을 알려주려는 것이다.

이제 학습사이클의 각 단계를 순서대로 설명하겠다. 그러나 가장 관심이 가는 기법부터 곧장 시작해도 좋다. 예를 들어 무엇보다 먼저 시간관리를 배우고 싶다면, 바로 3장 맨 끝으로 가면 된다. 학습사이클 전체에 흥미를 느낀다면, 처음부터 순서대로 읽어가는 것이 좋다.

오른쪽 표는 학습사이클의 구조를 한눈에 요약하면서도 아주 상세하게 보여주고 있다. 이제 각 항목을 하나하나 다룰 것이다. 이 책을 끝까지 읽고 나면 다음 표에 제시된 항목들을 이해하고 항목 사이의 연관 관계도 쉽게 파악할 수 있게 될 것이다.

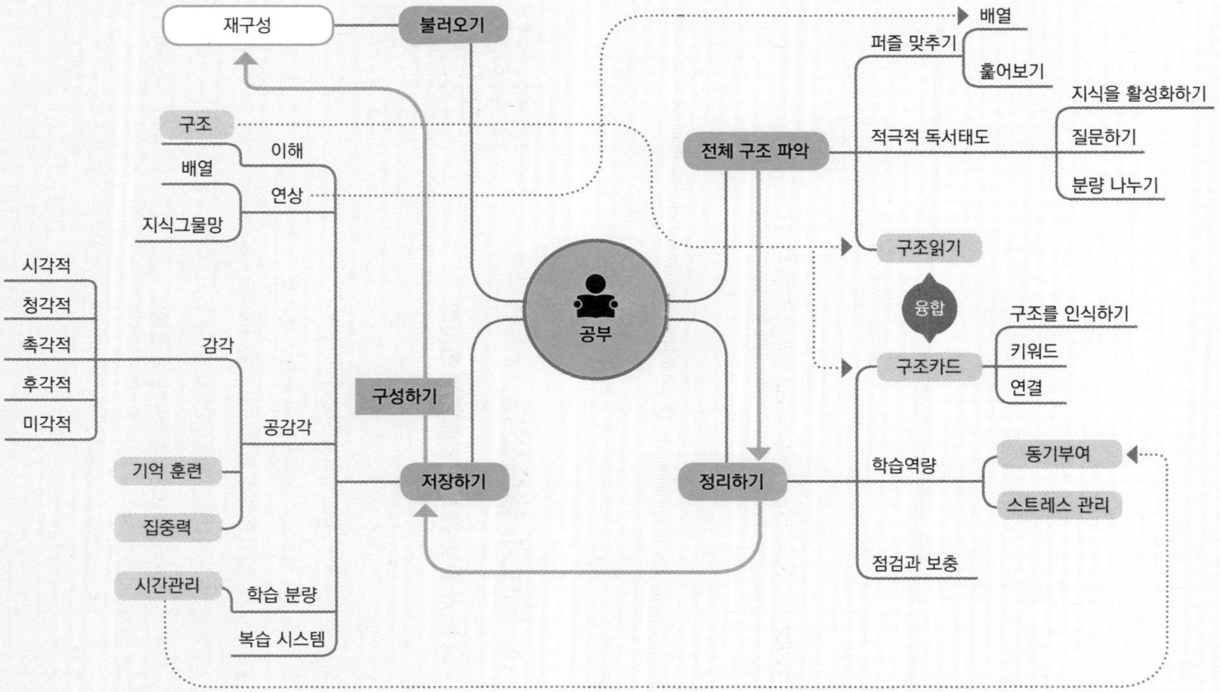

공부
전체 구조 파악
퍼즐 맞추기
배열
훑어보기
적극적 독서태도
지식을 활성화하기
질문하기
분량 나누기
구조읽기
융합
구조카드
구조를 인식하기
키워드
연결
정리하기
학습역량
동기부여
스트레스 관리
점검과 보충
저장하기
구성하기
이해
구조
배열
연상
지식그물망
감각
시각적
청각적
촉각적
후각적
미각적
공감각
기억 훈련
집중력
학습 분량
시간관리
복습 시스템
불러오기
재구성

차례

2장 치밀하게 구성한다

: 지식과 정보를 완전히 흡수하는 마인드맵 활용법

3장 단단하게 유지한다

: 공부 달인으로 만들어주는 최강 복습법

1장

빠르게 습득한다

: 더 빨리 읽고 더 깊이 이해하는 독서법

학습사이클 1단계 : 독서법

1단계에서는 정보(공부할 내용)를 한눈에 파악하는 것에 대해 다룬다. 이것은 쉬운 일이 아니다. 현대인은 그야말로 정보의 홍수 속에서 살고 있기 때문이다. 이런 정보의 홍수에 대처하기 위해 우리는 어떤 새로운 기법을 만들어냈는가?

온갖 기술 발전이 이루어졌지만 우리는 아직도 옛사람들의 독서법을 그대로 사용하고 있다. 씹어먹듯 천천히 책을 읽는 게 좋을 때도 있지만, 때로는 빨리 읽는 것이 절대적으로 중요한 순간도 있다. 긴 지문을 빨리 읽고 이해하여 문제를 풀어야 하는 수험생, 또는 시급히 읽어야 할 책들을 책상에 잔뜩 쌓아놓고 있는 사람이라면, 먼저 이 장에서 효과적인 독서법을 배우는 것이 좋다.

두세 배 빨리 읽으면서 내용도 더 잘 이해하는 법을 배운다면, 거기에 투자한 시간은 충분히 보상받고도 남는다. 그러나 책 읽는 속도가 결정적으로 중요한 것은 아니다. 읽은 내용을 거의 이해하지 못하거나 기억하지 못한다면 빨리 읽는 것이 무슨 소용이란 말인가. 따라서 '스피드 리딩'이라는 용어는 적당하지 않다. 이해와 기억이 더 강조되어야 한다.

이 장에서는 글을 읽는 동시에 글의 정확한 구조를 파악해서 정보를 더 쉽게 저장할 수 있는 법을 배우게 된다. 그런데 이것을 잘하려면 먼저 독서 능력을 향상시켜야만 한다. 그러지 않으면 빨리는 읽지만 이해한 것은 별로 없는 결과를 낳게 된다.

우디 앨런도 이런 문제를 다음과 같이 표현했다.

> "나는 《전쟁과 평화》를 30분 만에 다 읽었어."
> "그래? 무슨 얘기였어?"
> "그것은 러시아에 관한 내용이었어."

당신은 이제 곧 책을 두 배나 세 배 더 빨리 읽을 수 있게 될 것이다. 그것도 느리게 힘들여 읽는 사람보다 더 잘 이해하면서 말이다!

빨리 읽으면 독해력이 떨어진다는 것은 잘못된 생각이다. 앞으로 살펴보겠지만, 의미단위 읽기를 하면 이해력은 일정 수준까지 독서 속도에 비례해서 늘어난다. 당신은 글을 읽으면서 동시에 머릿속으로 구조카드를 재빠르게 그리는 법을 익히게 된다. 이것은 실제 종이 위에서 이루어지는 것이 아니라 머릿속에서 진행되기 때문에 '시간 절약'과 '구조에 대한 이해력 향상'이라는 두 마리 토끼를 동시에 잡을 수 있다. 이런 독서법을 우리는 '구조읽기'라고 부른다. 본격적인 독서 과정을 다루기 전에 어떤 준비를 해야 하는지 살펴보자.

빠르게만 읽어서는 소용이 없다

책의 첫 페이지를 펼쳐서 처음부터 끝까지 죽 읽어나가는 것은 별로 효과적이지 못하다. 글 읽기는 퍼즐 맞추기에 비유하면 좋다. 퍼즐을 맞출 때 어느 누구도 상자를 뜯어서 처음에 손에 잡히는 조각을 가지고 마구잡이로 시작하려 들지 않는다.

오히려 우리는 먼저 상자에 그려진 전체 그림부터 찬찬히 살펴본다. 대체 어떤 그림일까? 꽃이 핀 초원이 될까, 아니면 돛단배 모양이 될까?

다음으로 의심이 많은 사람이라면 조각의 개수가 맞는지도 세어볼 것이다. 그런 다음 모서리 부분의 조각들을 찾아 테두리부터 맞춘다. 이렇게 해서 퍼즐 맞추기 작업이 진행될 틀을 짜는 것이다.

그런 다음, 색깔이 같거나 특별한 문양이 그려진 간단한 부분부터 시작한다. 특별히 힘든 조각들은 우선 뒤로 미뤄놓을 것이다. 쉬운 부분을 대부분 맞춰놓으면 마지막에는 가장 어려운 부분을 끼워 맞추는 것도 힘들지 않다.

퍼즐을 맞출 때 우리는 누가 시키지 않아도 이런 식으로 진행한다. 그런데 책을 읽을 때는 이렇게 하지 않는다. 글 읽기에서도 이와 똑같은 사전 준비가 필요하다.

글 읽기는 퍼즐 맞추기다

우리가 퍼즐을 맞출 때 처음에 상자에 그려진 전체 그림을 살펴보는 것과 마찬가지로, 책을 읽을 때도 먼저 전체 내용의 구조를 파악해야 한다.

책의 구조는 구조카드를 이용하면 가장 잘 나타낼 수 있다. 예를 들어 이 책의 내용은 한 장의 그림으로 구조를 정리할 수 있다(17쪽 참고). 책을 읽으면서 필요할 때마다 이 '개요도'를 참고하면 방향을 잃지 않을 것이다.

책을 읽을 때는 종종 전체 그림을 지식 범위 속에 배열하는 것이 중요하다. 특히 시험을 준비할 때 그렇다. 만약 당신이 나침반이나 지도, 혹은 경계표 없이 정글에 발을 들여놓는다면 아주 난감한 기분이 들 것이다. 책을 읽는 것도 이와 다르지 않다.

우리 뇌에는 전체 구조를 파악할 수 없고 체계화되지 않은 모든 것에 대해 불안감을 느끼는 대뇌변연계라는 기관이 있다. 이 때문에 우리가 새로운 정보를 전체 연관성 속에 배열할 수 없을 때 부담스럽고 막연하다는 감정을 느끼는 것이다(대뇌변연계에 대해서는 1장 마지막에서 자세히 살펴보자).

좌뇌와 우뇌를 모두 써라

퍼즐을 제대로 맞추려면 우선 테두리를 짜기 위해 가장자리 부분을 맞춰야 한다. 이것은 책을 읽기 전에 미리 훑어보는 것과 같다. 전체 구조를 파악하면 대뇌변연계에 더 많은 기준점이 생기고 이로써 우리의 우뇌는 더욱 활성화된다. 왜 그럴까?

좌뇌와 우뇌

인간의 뇌는 호두와 비슷하게 두 개의 반구로 되어 있다. 좌우 대뇌를 연결하는 '뇌량'이라는 대들보를 통해 두 뇌는 서로 신호를 주고받으며 현재 다른 쪽 뇌가 무엇을 하고 있는지 알게 된다.

1970년대에 두뇌 연구자들은 좌뇌와 우뇌가 서로 다른 임무를 수행한다는 사실을 알아냈다고 믿었다. 좌뇌는 학습 능력과 밀접한 관계가 있다고 보았다. 아닌 게 아니라 여기서는 논리, 언어, 수, 목록, 순서, 분석을 중심으로 돌아간다.

좌뇌는 직렬 방향으로 하나씩 순차적으로 처리하며 개별적인 사항에 관심을 집중한다. 이 때문에 좌뇌는 나무는 잘 봐도 전체적인 숲은 제대로 보지 못하는 경우가 많다.

이와 반대로 우뇌에는 전체적인 형상이 결정적으로 중요하다. 연구자들은 이곳이 상상력의 중심지라고 추정했다. 우뇌에서는 형체, 색상, 리듬, 크기가 중요하다. 좌뇌에서는 시간이 중심을 이루는 반면, 우뇌에게는 공간적 지각이 중요하다. 이 때문에 우뇌는 숲은 보면서도 나무 하나하나는 제대로 보지 못하는 경향이 있다.

그러나 최근의 연구들은 이런 입체적인 구분이 엄밀히 유지되지 않는다는 것을 밝혀냈다. 한쪽 뇌가 다른 쪽의 임무를 떠

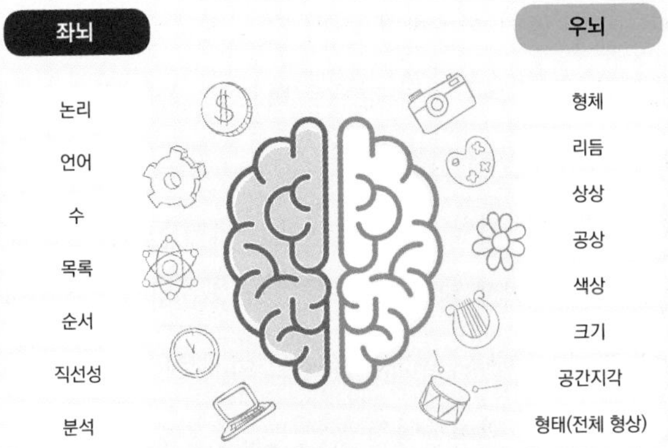

맡기도 하기 때문이다. 따라서 뇌를 '왼쪽'과 '오른쪽'으로 단순화하여 나누는 것은 무리가 있다. 오히려 우리의 사고는 서로 잘 조화를 이루어야 할 수천 개 중추들의 공동작용으로 이루어진다.

그러나 크게 볼 때 뇌에는 이 두 가지 작동방식이 있기 때문에 하나의 모델로서는 매우 적절하다. 그래서 나는 이 책에서 계속해서 이 모델을 사용할 것이다. 이때 좌뇌는 분석적 사고, 우뇌는 구상적 사고를 나타낸다. 뇌의 작동방식과 여러 중추들에 관한 더 자세한 내용은 뒤에서 다루게 된다.

중요한 것은 가장 효과적인 공부는 이 두 가지 사고유형을 결합시킬 때만 가능하다는 것이다. 어린아이들은 공부를 할 때 우뇌를 아주 많이 이용한다. 취학 전 아동들이 자신의 연령대에 배워야 할 것들을 놀랄 정도로 빠르고 쉽게 익히는 중요한 이유는 바로 이 우뇌 덕분이다.

그러나 학교에 입학하면서 사정은 바뀌게 된다. 이제부터 중점은 좌뇌에 놓이게 된다. 학습 능력이 중요시되는 것이다. 그렇게 되면 쉽게 배우는 것은 끝이다. 이제부터 공부는 힘들고 짜증나는 것으로 받아들여진다.

좌뇌로 읽기 vs. 우뇌로 읽기

다음의 예가 양쪽 뇌의 작동방식을 명확히 보여준다. 다음 이야기를 머릿속에 기억하도록 하라.

> 두 다리가 세 다리 위에 앉아서 한 다리를 들고 있다. 갑자기 네 다리가 와서 한 다리를 낚아챈다. 그러자 두 다리는 세 다리를 네 다리를 향해 집어던진다.

좌뇌를 사용하는 통상적인 공부법은 이 이야기를 계속해서 복습하는 것이다. 그러니 다시 한 번 반복해보자.

두 다리가 세 다리 위에 앉아서 한 다리를 들고 있다. 갑자기 네 다리가 와서 한 다리를 낚아챈다. 그러자 두 다리는 세 다리를 네 다리를 향해 집어던진다.

몇 번의 시도 끝에 이 이야기를 마침내 외웠다 하더라도 그 기쁨은 오래가지 않는다. 하루나 1주일이 지나면 다시 어떤 다리 하나를 잊어버린다. 우리는 다시 복습하는 데 더욱 필사적으로 매달리고 그럴수록 더욱 받아들이기 힘들어진다. 마침내 자신이 공부에 소질이 없고 다른 사람들은 훨씬 더 잘한다고 믿어버리게 된다.

여기서는 소질이 없는 것이 문제가 아니라 뇌를 이용하는 기법이 문제가 된다. 우뇌를 이용해서 공부한다는 것은 이 이야기를 구상적으로 옮겨놓는 것이다.

우리는 한 다리가 닭 다리 한 쪽을 나타낸다고 가정할 수 있다. 두 다리는 사람, 세 다리는 다리가 세 개 달린 등받이 없는 의자가 될 수 있다. 네 다리로는 가령 개를 생각해볼 수 있다. 이제 이 이야기는 뇌가 훨씬 잘 처리할 수 있다.

두 다리(어떤 사람)가 세 다리(의자) 위에 앉아서 한 다리(닭 다리)를 들고 있다. 갑자기 네 다리(개)가 와서 한 다리(닭 다리)

를 낚아챈다. 그러자 두 다리(그 사람)는 세 다리(의자)를 네 다리(개)를 향해 집어던진다.

우리는 이제 느긋하게 몸을 뒤로 기대고 이 이야기를 머릿속에서 순서대로 그려볼 수 있다. 이것을 모든 감각을 동원해서 두세 번 하고 나면 이 이야기를 다음 날이나 1주일 후에 다시 불러오는 것도 아무런 문제가 되지 않는다. 다만 오감을 모두 제대로 투입하는 것이 중요한데, 그것에 관해서는 다음에 더 자세히 설명하겠다.

어떤 사람은 여기서 각 다리의 절묘한 배열 덕분에 그럴듯한 이야기가 생겨날 수 있었다고 주장할지도 모른다. 이 말은 맞지 않다. 나는 한동안 세계 기억력대회에 참가할 영재들을 훈련시켜본 적이 있다. 이 훈련을 하면서 우리는 다리들을 임의로 뒤섞고 거기서 생겨난 모든 조합에 대해 흥미로운 이야기들을 만들어냈다. 여기에서는 다리의 개수로 이야기를 만들었지만 사람에 따라 다른 형상들을 떠올릴 수 있고, 따라서 다른 이야기들이 만들어질 수 있다.

또 어떤 사람은 이 이야기가 실제 학습 자료와는 별 공통점이 없다고 이의를 제기할 수도 있을 것이다. 이 이야기는 양쪽 뇌의 처리방식을 명확히 보여주기 위한 것일 뿐이다. 복잡한 정보를 적용하는 사례들이 앞으로 더 나올 것이다.

이제 다시 읽기로 돌아가보자. 책을 훑어볼 때 당신은 무엇보다 제목과 부제목, 삽화, 도표 그리고 글씨체가 강조된 단어들에 주의를 기울여야 한다. 이렇게 하는 데 5분도 채 걸리지 않겠지만 당신은 이미 그 책의 내용을 충분히 파악하게 된다. 도움이 되지 않는 책은 읽지 않는 게 상책이다. 아무런 사전정보 없이 책을 집었다가 절반 정도 읽은 후에야 새로운 내용이 없거나 자신에게 맞는 책이 아니라는 사실을 확인하는 경우가 얼마나 많은가.

그러나 이런 결정을 내리기 위해서는 짧은 시간 안에 책을 확실하게 훑어볼 수 있는 기술이 아주 중요하다. 구조읽기는 책에서 중요한 모든 정보를 빠르게 알아내는 기법을 제공한다. 2장에서 구조읽기에 대해 자세히 소개할 것이다.

텍스트를 장악하는 적극적인 독서법

적극적인 공부, 이것은 학습 과정에서 공부하는 내용을 외우려고 할 때 무척이나 중요한 것이다. 여기서는 적극적인 독서에 대해 다뤄보겠다.

지식그물망이 촘촘해야 공부가 쉬워진다

시합에 임하는 운동선수처럼 당신도 지금부터 적극적인 공부를 위해 뇌세포를 '워밍업'시킬 수 있다. 그러기 위해서는 새로운 정보를 성공적으로 저장하는 데 있어 중요한 두 가지 기본 원칙 중 하나를 미리 알아두는 것이 필요하다. 나머지 하나는 3장에서 자세히 다룰 것이다(155쪽 참고).

첫째 원칙은 바로 "어떤 것을 외우려고 할 때는 언제나 그것을 이미 알고 있는 것과 연결시켜야만 한다"는 것이다. 그렇게 하지 않으면 새로운 정보는 그냥 빠져나가버리고 공부할 시간만 허비한 것이 된다.

이것은 학습생물학적 자연법칙이다. 사람은 누구나 약 1,000억 개의 뉴런(뇌세포)을 가지고 있다. 이 세포들 하나하나는 자기 주변에서 적어도 1만 개의 세포들과 시냅스(신경세포 연접부)를 형성할 수 있다. 이것은 아직도 완전히 풀리지 않은 미스터리다.

인간의 사고력은 자신이 가진 뉴런의 절대수치가 아니라 이 세포들 사이에 형성된 시냅스의 수에 따라 산정된다. 가장 많은 시냅스를 가진 인간이 '가장 지능적으로' 행동하게 된다. 이와 반대로 시냅스를 얼마 형성해놓지 않았다면, 이용할 수 있는 대응 수단도 얼마 되지 않는다. 그런데 새로운 시냅스들은 항상 기존 지식을 기반으로 해서만 형성된다. 더 생생한 설명을 위해 거미줄을 예로 들어보자.

한 사람이 현재 가지고 있는 지식은 거미줄에 비유될 수 있다. 새로운 정보는 새로운 줄로서 항상 이미 존재하는 줄에만 연결될 수 있다. 반대로 새로운 정보가 '사전지식이라는 줄'을 발견하지 못하면, 이것은 무의미한 것이 된다.

이미 세밀한 지식을 갖추어 놓고 있는 곳은 그물망이 더 촘촘하다. 직업상 혹은 특별한 취미가 있어 그 분야를 잘 알고 있는 경우가 이에 해당한다. 이런 곳에서는 새로운 지식을 받아들이는 것도 쉬워진다. 연결할 수 있는 줄이 많기 때문이다.

그물망이 성근 곳은 우리가 잘 모르고 별 관심도 가지지 않는 분야다. 이곳에서는 우리의 일반교양도 부족하기만 할 것이다. 이 분야에서는 줄이 거의 존재하지 않기 때문에 새로운 지식을 받아들이기가 힘들어진다.

우리는 공부를 할 때 어떤 과목에서 기존의 지식이 적을수록 더욱 힘들어한다. 그러나 지식이 많이 습득될수록 연결점은 더욱 많아지고, 공부는 쉬워진다.

지식 학습곡선: 눈덩이 굴리기

바로 이 때문에 지식과 관련된 학습곡선도 기하급수적으로 상승하는 형태를 보인다. 속담에 '시작이 힘들다'라는 말이 있는데, 아주 정확한 표현이다. 처음에 우리는 연결할 수 있는 지식을 거의 가지고 있지 않다. 먼저 기본이 되는 줄들을 연결해야 한다. 이 줄들이 형성되기 전에는 우리에게 주어지는 모든 세부적이고 특수한 정보는 그냥 스쳐지나갈 뿐이다. 일단 기반이 잡힌 후에야 추가 정보를 받아들이는 것이 점점 쉬워진다.

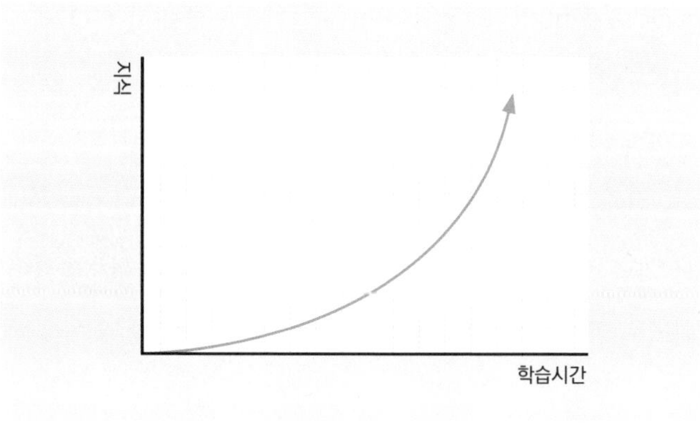

이 그래프는 언덕을 굴러내려갈수록 점점 커지는 눈덩이에 비유할 수 있다. 이 때문에 새로운 지식을 배울 때는 세부사항으로 들어가기 전에 기초부터 먼저 시작하는 것이 중요한 것이다.

명확한 설명을 위해 다시 퍼즐 맞추기 비유로 돌아가 보자. 테두리가 완성되면 이제 쉬운 부분부터 시작할 것이다. 퍼즐의 기본이 되는 구성요소들과 개별 문양들이 맞추어진 후에야 단계적으로 어려운 부분들도 끼워 넣을 수 있다.

마찬가지로 독서를 할 때도 어려운 부분은 일단 건너뛰는 것이 도움이 된다. 다시 한 번 읽는 단계에서 이 부분은 그동안 늘어난 지식 덕분에 갑자기 아주 쉬워진다.

어쩌면 건물을 새로 짓는 것에 비유하는 것이 더 쉬울지도 모른다. 가장 먼저 기초를 다지고 1층 건물을 올려야 한다. 곧장 지붕부터 짓는다면 건물 전체가, 공부의 경우에는 학습 기반이 무너져 내릴 것이다.

새로운 학습 분야를 위한 기본 줄들, 즉 기초는 당신이 앞에서 배열시킬 때 '개요도'를 작성하는 것으로 이미 다져놓았다. 윈도우 탐색기에서처럼 당신은 이런 식으로 해서 뇌 속에 새로운 정보가 따로 정리될 수 있는 '폴더'를 여러 개 만들어놓았다. 우리가 컴퓨터에서 새로운 파일이 어떤 경로로 지정되는지 모른 채 무작정 '저장' 버튼을 누른다면, 그것을 다시 찾아내기 힘들어질 것이다.

이와 마찬가지로 정보를 사전에 배열해두지 않으면 뇌에 들어 있는 새로운 정보를 다시 불러오기가 힘들어진다. 컴퓨터에는 적어도 탐색 기능이 있지만 뇌에서는 이것이 무척 힘들다. 그래서 우리는 정보 배열을 하기 위한 구조카드를 만들 것이다(2장 참조).

새로운 정보를 더욱 효과적으로 연결하는 또 다른 수단이 있다. 이미 언급했듯이 새로운 정보를 기억하려면 이미 존재하는 지식에 연결되어야만 한다. 그러나 그러기 위해서는 일단 당신이 그 주제에 관해 어떤 '줄'을 가지고 있는지 알아야만 한다. 그러지 않으면 새로운 지식이 어떤 적절한 연결점을 찾을지는 전혀 예측할 수 없다.

읽기를 시작하기 전에 그 주제와 관련된 자신의 사전지식에 관해 잠시 생각해보아야 한다. 가장 중요한 요점들을 2분 내에 구조카드에 적어두자. 여기에 필요한 수단은 2장에서 익히게 된다. 이렇게 함으로써 이미 정보가 자리 잡고 있는 지식그물망 부위를 활성화하는 것이다. 이제 새로운 내용들이 여기에 쉽게 연결될 수 있다.

이런 식으로, 하나의 전체를 이루는 지식이 뇌의 서로 다른 곳에 저장되지 못하게 묶어둔다. 그러지 않으면 분산되어 있는 지식을 결정적인 순간에 다시 합치는 것도 실패할지 모른다.

컴퓨터에는 조각모음 프로그램이 있다. 이 프로그램은 전체 하드디스크에 분산 저장되어 있는 관련 데이터들을 한곳으로 모아준다. 그렇게 함으로써 하드디스크의 헤더가 이리저리 건너뛸 필요가 줄어들고 작업 속도도 높아진다.

아쉽게도 우리 뇌에는 이런 프로그램이 없다. 우리는 처음부터 하나의 전체를 이루는 정보를 동일한 장소에 보관하도록 유의해야만 한다. 이것을 위해 우리는 본격적인 읽기 과정에 들어가기 전에 기존의 지식을 활성화해야 하는 것이다.

행동 학습곡선: 계단 올라가기

이와 관련해서 학습곡선을 하나 더 설명하고자 한다. 바로 행동 학습곡선이다.

지식을 받아들이는 것과는 반대로 새로운 행동을 습득하는 것은 기하급수적이 아니라 단계적으로 진행된다. 어떤 악기나 스포츠 종목을 익히는 것이 여기에 해당한다. 그러나 당신이 이 책에서 배우는 능력들, 그중에서 특히 구조읽기, 구조카드 작성하기, 기억법 같은 것들 역시 이 학습곡선을 따른다.

피아노 연주를 예로 들어보자. 처음 배울 때는 연습한 만큼 학습도 진전을 보인다. 그렇지만 어느 정도 진전을 보인 뒤에는 한동안 평탄면에 머문다. 아무리 계속 연습을 해도 실력이 나아지기는커녕 제자리걸음을 하는 것처럼 보인다. 뜻밖으로 눈에 보이는 성과가 나타나지 않기 때문에 경우에 따라 의욕이 사라지기도 한다. 사람들이 악기를 배우다가 갑자기 그만두는 경우가 많은 이유도 바로 이 때문이다.

그러나 우리는 바로 이 평탄면에서 학습생물학적으로 가장

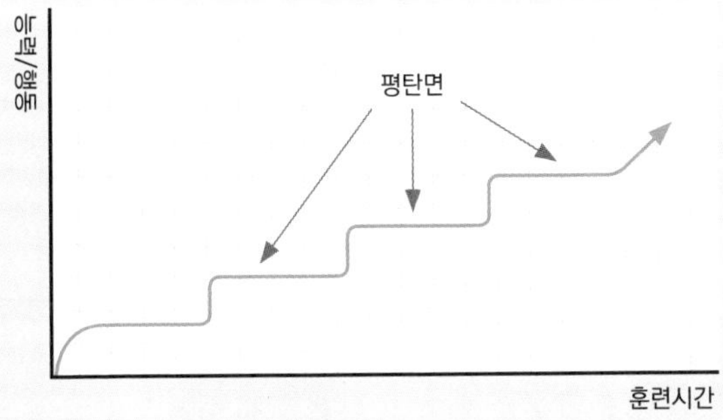

중요한 과정이 진행되고 있다는 사실을 알아야 한다. 이 평탄면에 머무는 동안 우리 뇌에서는 뉴런들 사이에 새로운 시냅스들이 형성된다. 이 시냅스들은 그 후에 전선과 유사하게 피복도 입혀져야 한다. 전선에서 피복에 해당하는 것이 바로 미엘린Myelin이라는 물질이다. 이것을 미엘린 응고과정이라고 부른다.

일단 이 과정이 완결된 후에야 우리는 시냅스를 마음대로 다룰 수 있으며, 우리의 사고과정을 위해 이용도 가능하다. 그다음의 진전이 일어나는 것이다. 그러므로 어느 순간 아무런 진전이 없어 보인다 하더라도 실망하지 말자. 이 순간이 오히려 학습생물학적으로 가장 중요한 단계다. 꾸준하게 계속 훈련하면, 다음 진전이 조만간 반드시 나타난다.

이 이야기는 스스로 학습의욕을 고취하고 너무 성급하게 포기하지 않게 해주는 아주 중요한 배경지식이다. 사람은 어떤 능력을 익힐 때 평탄면을 뛰어넘으면서 전체적으로 다음 네 단계를 거친다.

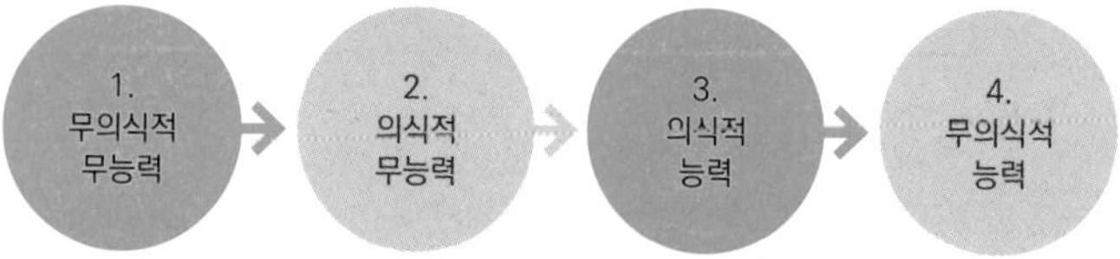

자동차 운전의 예를 들어보자. 우리는 아주 어릴 때는 자동차운전 같은 것이 있다는 사실을 아예 몰랐다. 운전을 할 줄 몰랐고(무능력), 운전을 못한다는 사실을 의식조차 못했다(무의식적). 그 후로 언젠가 부모님들은 자동차를 몰 수 있지만 우리는 그럴 수 없다는 사실을 깨달았다. 우리의 무능력을 알아챈(의식) 것이다.

그 후로 우리는 자동차 운전학원이나 아니면 더 일찍 숲속 공터에서 자동차 운전을 배우기 시작한다. 무능력이 마침내 능력으로 바뀌는 것이다. 우리는 자동차를 몰 수 있다. 그러나 모든 것이 서툴러 신경이 곤두서 있다. 아주 세심하게 클러치를 밟고 기어를 넣고 깜빡이를 켜고 전방을 주시하는 일에 집중해야 한다.

일정 기간이 지나면 이러한 동작은 자동으로 나온다. 클러치를 밟고 기어를 바꿀 때 깊이 생각할 필요가 없다. 의식적 능력이 무의식적 능력으로 바뀐 것이다. 세심하게 모든 작동법에 신경을 쓰는 대신 이제 주의를 딴 곳으로 돌릴 수도 있다. 운전을 하면서 경치를 즐기고, 옆자리 친구와 열띤 대화를 나누거나 머릿속으로 하루 계획을 미리 세울 수도 있다.

공부법도 똑같다. 자꾸 연습하면, 기법 그 자체에 대단한 주의를 기울이지 않아도 결국 자동으로 진행된다. 작업 메모리를 비워두고 학습내용에 집중할 수 있다. 그래서 이 책 여러 곳에서 각 기법들이 무의식적 능력이 되도록 하는 원리를 다루었다. 이 책을 다 읽고 나면 당신은, 전체 학습사이클은 이면에서 작동되도록 해놓고 완전히 정보에만 관심을 집중할 수 있게 된다.

텍스트에 말 걸고 질문하기

이제 당신의 현재 지식에 대한 몇 가지 핵심사항을 지식지도에 기입해두었다고 가정해보자. 이 지도를 기반으로 당신은 텍스트에 대한 질문을 해야 한다.

'이 책에서 알고 싶은 것이 정확히 무엇인가?'

'어떤 분야에 관해 상세한 정보를 얻고 싶은가?'

이렇게 질문을 하는 이유는 무엇보다 소극적 읽기를 하지 못하게 하기 위한 것이다. 읽기는 거의 언제나 위로 향하는 과정일 뿐이다. 정보는 책에서 시작해서 눈을 거쳐 위로 올라와 뇌에 전달된다. 이때는 좌뇌만 투입된다.

그러나 적극적인 읽기만이 효과적인 독서가 될 수 있다. 적극적인 읽기는 위로 올라가고 아래로 내려오는 과정의 조합으로 이루어져 있다. 우리는 한편으로 텍스트의 정보를 받아들여야 하지만, 다른 한편으로 자신의 생각도 아래로 향해 텍스트 속에 함께 집어넣어야 한다. 우리는 저자의 생각을 앞질러 알아내고, 받아들인 내용을 자신의 지식과 비교해야 한다. '나 같으면 이 내용을 다르게 설명했을까?' '저자는 이 대목에서 어떤 것을 빠뜨린 것일까?'

이렇게 저자와 계속해서 대화를 하는 것은 집중력과 의욕뿐 아니라 읽은 내용에 대한 기억도 높여준다. 그러면 책의 내용은 적극적인 지식으로 활용된다. 그러나 이렇게 하려면 사전에 자신의 지식을 활성화시켜 올바른 질문을 해야 한다.

마라톤 효과 이용하기

이런 적극적인 독서 태도를 책을 다 읽을 때까지 유지하려면, 그리고 책을 읽을 때마다 두께에 미리 질려 포기하는 불상사가 일어나지 않도록 하려면, 책을 구간별로 나누어 읽는 게 좋다.

새로운 교재를 읽기 시작할 때 '얼마나 남았나' 하고 지금껏 읽은 두께를 남은 페이지의 두께와 자꾸 비교하는 일, 그러면서 마음이 불안하고 초조해지는 일, 누구나 경험해본 적이 있을 것이다. 이 고비를 잘 넘기려면 우선 독서에 시간을 얼마나 투입할 것인가를 정해야 한다. 시간이 정해져 있어야 뇌도 그 시간을 가장 효과적으로 활용하려고 움직인다. 투입 가능한 시간을 어떻게 정할 것인가는 '시간관리' 부분에서 상세히 설명한다.

다음으로 독서 분량을 시간에 적합하게 분배해야 한다. 우리가 두꺼운 책을 읽을 때 아직도 300쪽이나 남았다는 사실에 계속 신경을 쓰면 정신을 집중하기가 참으로 힘들다. 그래서 책을 읽을 구간별로 나누어야 한다. 이렇게 하면 중간목표가 달성되었을 때 뭔가 진전이 있다는 성취감을 갖는다. 계획된 '독서여정'을 포스트잇으로 붙여서 눈에 띄게 표시할 수도 있다. 그러면 책을 읽을 때 의욕이 더욱 높아진다.

마라톤 선수를 예로 들어보자. 30킬로미터 지점을 넘어가면 선수들은 대개 기운이 완전히 빠진다. 그러나 결승점 바로 앞에서는 모든 선수들이 마지막 스퍼트를 멋지게 해낸다. 눈앞에 결승점이 보이면 추가 에너지가 발산되는 것이다.

독서를 할 때도 책 전체를 여러 개의 작은 목표로 나눠 이 '마라톤 효과'를 여러 번에 걸쳐 활용하도록 하자. 그러면 추가로 공급되는 에너지를 더욱 자주 느낄 것이다.

양적 읽기와 질적 읽기를 동시에 잡는 법

이제 만반의 준비를 마쳤다면, 본격적으로 독서 이야기를 해보자. 당신은 더 빨리 읽는 법만이 아니라 텍스트의 이해력과 기억력을 훨씬 더 높일 수 있는 법도 배우게 된다. 이로써 시간을 많이 절약함은 물론 질적으로도 탁월한 독서를 통해 짧은 시간 안에 훨씬 많은 이득을 얻게 될 것이다.

하버드 경영대학원에서는 '스피드 리딩(속독법)'이 오래전부터 필수 교과과정으로 자리 잡고 있다. 존 F. 케네디나 리처드 닉슨 같은 미국 대통령들도 속독법을 활용했으며, 오늘날까지도 백악관 인사들, 미국 공군, NASA 연구원들이 이 기법을 익히고 있다. 세계 각국의 연구에 의하면, 대부분의 고소득자들은 적어도 1년에 20권의 전문서적을 읽는 사람들이라는 사실이 드러났다. 전 세계의 성공한 지도층 인사들 거의 모두가 빨리, 그리고 많이 읽는다.

많이 읽는 사람은 주변 동료들에게서 더 많은 관심을 받게 된다. 그리고 사업적인 관계뿐 아니라 개인적 인간관계도 더 좋아진다.

연구자들은 두 사람 사이의 대화가 양측 모두에게 흥미로운 것이 되려면 무엇이 전제되어야 하는지를 조사했다. 결론은 공통적인 이야기의 실마리가 있고, 양측 모두에게 중요한 주제가 언급되어야 한다는 것이었다. 많이 읽을수록 더 많은 이야기의 실마리를 얻을 수 있다.

올바른 기법을 이용하면 일간신문, 흥미로운 잡지와 책들을 짧은 시간 안에 통독하는 데 많은 도움이 된다. 이것을 잘 보여주는 예가 전 미국 대통령 프랭클린 D. 루스벨트다. 그는 새로 사람을 만날 때마다 상대가 어떤 주제에 특별히 관심을 가지고 있는지 알아보았다. 그리고 만나기 전에 이 분야에 관해 1시간 내에 적어도 한 권의 책을 독파했다. 그는 정평이 난 속독가였다.

프랜시스 베이컨은 "아는 것이 힘이다"라고 했다. 우리는 지식을 효과적으로 습득함으로써 최대의 힘을 발휘할 수 있다. 독서를 핵심적인 정보의 원천으로 활용하라. 효과적으로 읽으면 어휘가 빨리 늘어나기 때문에 점차 소통능력도 향상될 것이다.

첫 단계로 당신의 현재 독서 속도에 관해 알아보자. 이 연습과 다음 연습을 하려면 책이 한 권 필요하다. 그림이 거의 없고, 되도록 이야기가 중단 없이 쭉 이어지는 텍스트가 좋다. 우리가 보통 "쉽게 읽히지 않는다"라고 말하는 바로 그런 책이다. 그러나 우리 목적을 위해서는 그런 책이 가장 적합하다.

나의 독서 속도는?

이제 아무 곳이나 펼쳐 읽기 시작하라. 이때, 정확히 1분 동안만 읽는다. 당신이 편안하게 느끼고 텍스트를 가장 잘 이해하는 속도로 읽으면 된다. 시간을 재려면 위해 초침이 달린 시계를 준비하는 것이 좋다. 시간이 종료되는 것을 신호로 알려주는 스톱워치나 요리용 디지털시계가 있으면 더 좋다.

이제 읽기 시작하고, 1분이 되는 순간에 도달한 지점을 표시해두라. 당신의 현재 독서 속도와 며칠 후엔 나아진 정도를 확

Step 1

온전한 다섯 줄에 포함된 단어 수 ÷ 5 = 결과

Step 2

1분 동안 읽은 줄의 수 × 결과 = wpm

인하려면 측정 단위가 필요하다. 나는 독서 속도를 'words per minute(분당 단어 수, wpm)'로 표시한다.

wpm을 알아보기 위해서는 먼저 연습용 책에 나오는 한 줄당 평균 단어 수를 확인해야 한다. 끊김 없이 쭉 이어진 온전한 다섯 줄에 들어 있는 단어 수를 세고 그 결과를 5로 나눈다. 그다음에 당신이 1분 동안 읽은 줄의 수를 센다. 반 줄은 다른 반 줄과 합해서 온전한 한 줄로 친다. 이제 1분 동안 읽은 줄 수에 한 줄당 평균 단어 수를 곱해야 한다. 그 결과가 당신의 현재 독서 속도wpm가 된다. 예를 들어 한 줄당 평균 단어 수가 8이고, 당신이 1분 동안 30줄을 읽었다면 240wpm의 속도로 읽은 것이 된다.

대부분의 경우 사람들은 160에서 240wpm 사이의 속도로 읽는다. 당신의 현재 수준과 상관없이 텍스트 이해력도 훨씬 높아지면서도 금세 600이나 800wpm 혹은 그 이상의 속도에 도달할 것이다.

물론 이 수치는 보통으로 읽을 때 당신의 독서 속도를 나타내는 것은 아니다. 특히 공부를 할 때 우리는 가끔 독서를 중단하고 내용을 되새기거나 중요한 부분은 표시를 해가며 설명을 적어넣고 메모도 하기 때문이다. 따라서 이 수치는 오로지 당신의 독서 속도 향상을 측정하는 척도가 될 뿐이다.

첫 단계로 읽는 데 방해가 되는 전형적인 문제들을 살펴보도록 하자. 여기에 이어 각각의 문제들에 대한 해결책이 제시될 것이다.

무엇이 글 읽기를 방해하는가

글을 읽을 때 우리의 눈은 어떻게 움직일까? 사람들에게 물어보면 대부분 "눈은 일정하게 왼쪽에서 오른쪽으로 움직이고, 한 줄이 끝나면 다음 줄의 처음으로 이동한다"라고 대답한다.

그렇지만 사실 눈은 물체 자체가 움직이는 경우를 제외하면 가만히 정지해 있을 때만 어떤 것을 알아볼 수 있다. 물체가 움

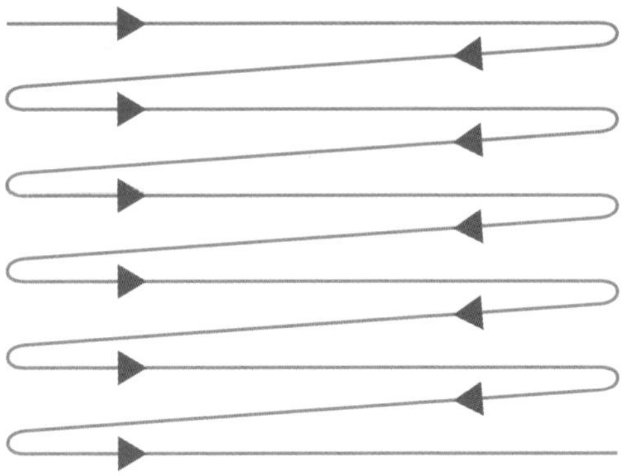

직일 때는 눈도 그와 동일한 속도로 움직여야 하고, 그렇게 해서 결과적으로 다시금 그 물체에 정지해 있는 셈이다. 따라서 눈은 줄을 따라 건너뛰면서 이동한다. 눈은 정지해서 한 단어를 응시하고 그 후에 다음 단어로 넘어간다.

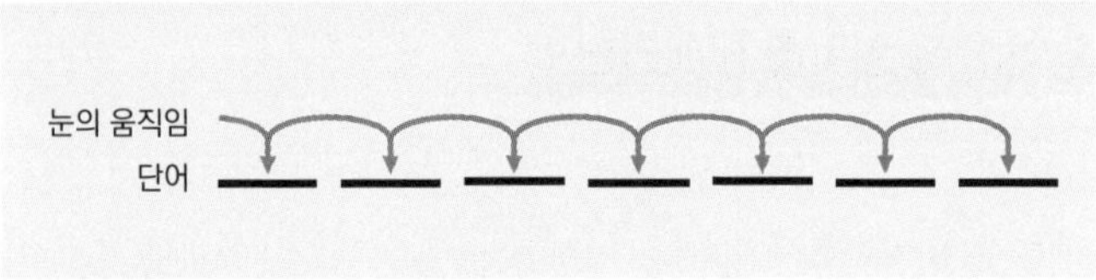

이제 글을 읽을 때 생기는 세 가지 심각한 문제점으로 넘어가자. 이 문제점은 이해력 부족, 집중력 부족, 눈의 기능 저하다.

이해력 부족

읽기 훈련이 되지 않은 사람들은 시선이 건너뛸 때마다 항상 한 단어만 응시한다. 이 책의 현재 페이지를 잘 살펴보라. 당신은 자신의 눈이 매번 단 하나의 단어만 응시한다는 사실을 알게 될 것이다.

책을 거꾸로 돌려놓고 이 페이지를 다시 한 번 살펴보라. 이번에는 이 페이지가 그림에 가깝게 보일 것이다. 검은 글씨와 흰 바탕, 그리고 그림 형태만 알아보게 된다. 책을 다시 돌려놓으면 시선은 금세 다시 각 단어에 고정될 것이다.

우리는 수십 년에 걸쳐 곧장 한 단어씩 건너뛰는 법을 익혔다. 학교에서 서서히 그 실력을 향상시켰다. 처음에는 글자 하나씩만, 다음에는 음절을, 마지막으로 단어 전체를 받아들였다. 학교에서는 읽을 분량도 몇 페이지 되지 않기 때문에 별 문제가 되지 않는다. 문제는 오히려 추가 교육과 직장에서 일어난다. 특히 읽는 속도가 특별히 느린 사람들은 바로 이 때문에 이해력이 떨어지는데, 긴 단어를 볼 때는 각 음절만 응시한다. 이렇게 단어 하나하나씩 읽는 것은 독서 속도를 상당히 떨어뜨릴 뿐더러 이해력도 나빠지게 만든다.

당신이 'A'라는 단어를 읽는다고 가정해보자. 이것으로는 당신의 뇌, 특히 우뇌는 아무것도 이해할 수 없다. 두 번째로 이제

'little'이라는 단어를 읽는다. 당신의 뇌는 이것을 첫 번째 단어에 연결하고, 두 단어 모두 기억하고 있어야만 한다. 이렇게 되려면 뇌에서 수백만 번의 화학반응이 일어나야 한다. 뇌는 계산 작업에만 몰두해 있을 뿐 정보는 얻지 못한다. 왜냐하면 우뇌가 'A little'에 관해 아무런 표상도 떠올릴 수 없기 때문이다.

세 번째로 'green'이라는 단어를 읽는다. 아직도 당신은 무슨 내용인지 이해가 되지 않는다. 당신은 이 단어를 처음 두 단어와 합쳐야 하고, 세 단어를 모두 연결해야 한다. 다시 한 번 학습에 아무런 도움이 되지 않는 힘든 계산 작업이 행해진다.

다음으로 당신은 마침내 'apple'이라는 단어를 읽는다. 이제야 비로소 연관성이 생겨나고 당신의 뇌는 어떤 표상을 떠올릴 수 있다. 'A little green apple(작고 푸른 사과 하나)'라는 문장을 읽는 데 세 번의 추가 작업이 필요했다. 한 문장에 단어가 열 개 들어 있다면 한 단어씩 읽을 때는 아홉 번 추가하는 작업이 필요하다.

반면에 읽기 실력이 뛰어난 사람은 의미단위로 읽는다. 그런 사람은 올바른 시선 건너뛰기를 통해, 그리고 올바른 독서법을 이용해서 'A little green apple'이라는 의미단위를 단번에 받아들일 것이다. 실력자들은 네다섯 단어까지 한 번에 알아볼 수 있다. 그러므로 열 개의 단어로 이루어진 문장에서 뇌는 한 번이나 두 번만 추가 작업을 하면 된다.

뇌는 마침내 정보를 제공받고 전적으로 계산 작업에 매달리지 않는다. 이렇게 해서 읽을 때의 이해력이 높아지고, 시선이 건너뛸 필요성도 줄어든다. 따라서 독서는 덜 힘들다.

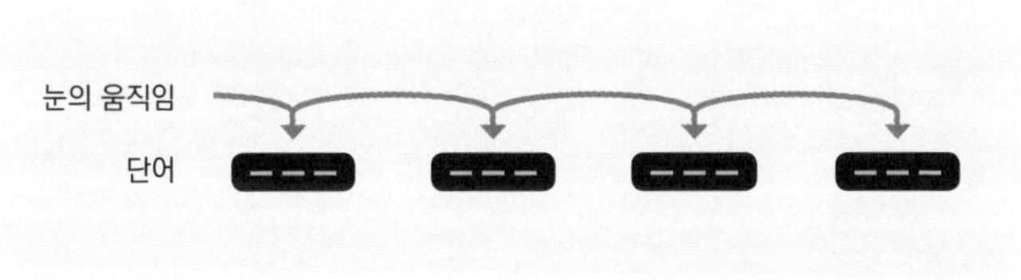

에이브러햄 링컨이 말했다는 다음 인용문을 읽어보자.

만약 나에게 나무를
베는 데 다섯
시간이 주어진다면,
나는 세 시간을
톱날을 가는 데
사용할 것이다.

위 문장을 의미단위로 읽으면 더 쉽게 이해될 것이다.

만약 나에게 나무를 베는 데
다섯 시간이 주어진다면,
나는 세 시간을 톱날을
가는 데 사용할 것이다.

집중력 부족

단어를 하나씩 읽는 것과 일정하게 연관된 또 다른 문제점은 집중력 부족이다.

책을 읽는 동안 생각이 완전히 딴 곳에 팔려 방금 무엇을 읽었는지 모르는 상황. 누구나 이런 경험을 해보았을 것이다. 그럴 때 우리는 페이지를 앞으로 넘겨서 그 부분을 다시 한 번 읽는다. 그래도 이런 경우엔 좀 낫다. 왜냐하면 대부분은 딴생각을 했다는 것조차 모르고 지나갈 때가 많기 때문이다.

시간이 지나면서 우리는 다시 텍스트에 집중하지만 그 전에 딴생각을 했다는 사실을 깨닫지도 못한다. 이것은 우리가 느끼는 만큼 이례적인 일이 아니다. 다만 책을 읽으면서 자신이 지금 공상에 몰두해 있고 주의력이 책에 쏠려 있지 않다는 사실을 자각하지 못하기도 한다.

특히 중요한 부분을 그렇게 놓치고 지나갔다면 짜증 나는 일이다. 같은 책을 두 번째 읽을 때 '전에 이 대목을 읽은 기억이 전혀 없다'고 여겨지기도 한다. 이것은 때로는 옳은 판단이기도 하다. 이렇게 딴생각을 하는 집중력 부족 역시 한 단어씩 읽는 것과 관련이 있다.

잠깐 주위를 살펴보고 당신의 뇌가 이 0점 몇 초 동안에 얼마나 많은 정보를 받아들일 수 있는지, 아주 짧은 시간 동안 형상, 색깔, 움직임, 잡음 등을 얼마나 많이 알아차리는지 곰곰이 생각해보라.

뇌는 여전히 이 세상에서 가장 강력한 컴퓨터다. 그런데도 당신은 글을 읽을 때 뇌세포에 한 단어씩 차례로 전달할 뿐이다. 노벨상 수상자 로저 스페리Roger Wolcott Sperry 교수와 프린스턴 대학교의 연구 결과는 우리 뇌가 초당 126비트까지 의식적으로 처리할 수 있다는 것을 보여주었다. 그런데도 우리는 평소대로 읽을 때는 기껏해야 40비트밖에 처리하지 못한다. 나머지 약 80비트는 딴생각을 하는 데 들어간다.

당신의 양쪽 뇌는 끊임없이 새로운 정보를 필요로 한다. 만약 당신이 새로운 정보를 밖에서부터 전해주지 않으면 양쪽 뇌는 이것을 스스로 만들어낸다. 특히 우뇌는 들어오는 정보가 부족해지면 안에서 이미지들을 만들어내는데, 이 이미지들은 현재 공부하는 것과는 별로 관련이 없을 것이다. 이렇게 해서 지난 주말 스키장에 갔던 일이나 어제 단골 술집을 들렀던 일이 딴생각의 실마리를 주는 것이다.

한 단어씩 차례로 받아들이는 것은 뇌에 아주 피로한 일이라서 집중력이 떨어진다. 많은 이들에게 독서는 최고의 수면제이기도 하다. 그래서 잠을 자기 위해 책을 침대로 가져가고, 쉽게 꿈나라로 빠져든다.

그러나 독서력을 향상시키고 나면 현재 수면제를 손에 들고 있다는 불안을 느낄 필요가 없다. 뇌 속에 효과적인 독서를 이끄는 새로운 시냅스가 형성되기 때문이다.

의미단위 읽기를 통해 당신은 앞으로 뇌의 능력을 더욱 효과적으로 사용할 것이다. 이제 책을 읽으면서 딴생각으로 공상에 잠기는 일 따위는 없을 것이다.

이것은 자전거를 타는 것과 같다. 자전거를 계속 타고 있으려면 일정한 속도가 필요하다. 독서 역시 일정한 속도를 줌으로써 나머지 80비트도 남김없이 활용할 수 있다.

당신은 이 연관 관계를 더 잘 이해하고 기억할 수 있다. 왜냐하면 복잡한 구조로 된 문장일수록 이해하기 위해서는 글을 읽는 동안 정보가 초단기기억 속에 남아 있어야 하기 때문이다. 이것은 빨리 읽을 때 훨씬 더 쉽다.

눈의 기능 저하

글을 읽을 때 생기는 또 다른 문제점은 눈의 기능 저하다. 눈은 결코 읽기를 위해 만들어진 것이 아니다. 그래서 읽기는 사실 눈을 아주 불편하게 만드는 부자연스러운 활동이다. 뇌가 학교 시험이나 직장에서의 연수를 위해 만들어지지 않은 것과 똑같다.

눈은 오직 우리의 생존을 보장해주는 임무만 지니고 있다. 우리가 시야에서 움직임을 포착하면, 눈은 즉각 그곳으로 향한다. 그러나 우리는 거의 언제나 눈의 이러한 움직임을 의식하지 못한다.

나머지 감각기관도 오로지 생존을 위해 만들어졌다. 뒤편에서 무슨 소리가 나면 귀는 그 소리를 받아들여 우리가 머리를 그 방향으로 돌리도록 만든다. 그런 다음 눈을 급히 움직임이 있는 쪽으로 돌린다. 어떤 덤불이 움직이면 눈은 즉각 그곳으로 향하고 정보를 받아들인다. 그 움직임이 위험과 관련 있는 것인지 점검하는 것이다.

그 다음 과정은 변연계에서 진행된다. 예를 들어 덤불에서 어떤 사나운 짐승이 튀어나오면 변연계는 생각을 차단하고 싸우거나 달아나도록 지시를 내린다. 반면에 움직임이 위험하지 않은 것으로 드러나면 생각은 차단되지 않고 눈은 다음 움직임으로 향한다.

그러므로 눈은 한 줄씩 차례로 읽어가는 데 적합하지 않다. 눈은 움직임 없이는 어떤 선이나 그 밖의 형태를 따라갈 수 없다. 이 때문에 시선이 자주 딴 곳으로 이탈하는 것이다. 이렇게 무의식적으로 시선이 이탈하는 사이 소중한 시간이 낭비된다.

다음 연습은 읽는 것과 관련하여 당신에게 새로운 사실을 알려줄 것이다. 이것을 위해서는 상대가 필요하다. 전반부는 다음과 같이 진행된다. 상대방에게 자신의 눈을 움직여 시선으로 공중에 커다란 원을 그리도록 부탁하라. 당신은 그냥 관찰하기만 하면 된다.

그런 다음 역할을 서로 바꾸어 당신이 눈을 움직여 시선으로 공중에 원을 그린다. 당신은 눈의 움직임이 원처럼 보이지 않는다는 것을 확인할 것이다. 당신의 눈은 톱니 모양으로 이리저리 움직인다.

이 연습은 당신에 두 가지 사실을 알려줄 것이다. 첫째, 우리 눈이 독자적으로 어떤 특정한 형태들을 따라 움직이는 것이 불가능하다. 둘째, 우리 눈의 움직임은 순식간에 끝나기 때문에 항상 그것을 의식하지는 못한다.

더구나 눈은 새로 시작되는 줄의 처음을 찾기가 힘들다. 평균적으로 새로 시작되는 줄을 찾는 데 시간의 3분의 1이 소요된다. 따라서 3시간 동안 책을 읽는다면 우리는 1시간을 새로 시작되는 줄을 찾는 데 허비하는 것이다. 다음 줄의 첫 글자가 신호를 보내준다면 아주 유익할 것이다. 그렇게 되면 시선은 아주 쉽게 그곳으로 옮겨갈 수 있기 때문이다.

글 읽는 것에 관한 또 다른 문제점들은 다음 단계에서 언급할 것이다. 그 전에 먼저 어떻게 하면 효과적으로 읽을 수 있는지 살펴보자.

손가락은 최고의 독서 보조수단

위에서 시작한 연습을 계속 진행해보자. 당신은 다시 상대와 마주 앉는다. 이번에는 당신이 손가락으로 공중에 커다란 원을 그리고 상대는 눈으로 이 움직임을 따라간다. 당신은 상대가 자신의 눈을 이번에는 둥글게 움직인다는 사실을 확인할 것이다. 눈은 움직임을 따르도록 만들어져 있어서 유도해주는 어떤 것이 필요하다. 바로 이 때문에 글을 읽을 때 처음에는 읽기 보조수단도 사용해야 한다.

앞에서 읽기 속도를 계산할 때 읽은 줄의 수를 어떻게 확인했는지 잠깐 생각해보라. 손가락이나 연필을 사용했을 가능성이 매우 높다. 직관적으로 옳게 행동한 것이다. 줄을 눈으로만 세어나가려는 것은 그리 효과적이지 못하다.

읽기에서도 사정은 다르지 않다. 학교에서 어린 아이들은 주의를 받지 않으면 글을 읽을 때 거의 자동으로 손가락을 사용할 것이다. 아이들은 입학하기 전에 최대한 효과적으로 배운다. 그들은 손가락을 사용하지 않을 경우 눈이 어떻게 텍스트의 줄을 따라가야 할지 직감적으로는 상상할 수 없다.

그런데 손가락을 사용하는 아이들은 대부분 부모로부터 이것이 읽는 속도를 떨어뜨린다고 꾸지람을 듣는다. 그렇지만 그 반대가 맞다. 이 읽기 보조수단을 투입함으로써 눈은 유도를 받는다. 앞에서 살펴보았듯이 눈은 움직임에 반응한다. 이것을 통해 시선이, (그러나 또한 생각도) 계속해서 딴 곳으로 벗어나지 못하게 되는 것이다.

이제 손가락의 효과를 한번 시험해보자. 연습용 책을 손으로 잡고 집게손가락을 첫 번째 줄 아래에 놓는다. 이제 줄 전체를 따라 왼쪽에서 오른쪽으로 이동한다. 이런 식으로 몇 페이지 읽어보라.

처음 몇 분 동안은 읽고 있는 내용을 별로 이해하지 못할 것이다. 왜냐하면 우선 당신의 뇌가 이제는 손가락을 사용해서 읽는다는 사실에 익숙해져야 하기 때문이다. 그러나 적어도 10분이 지나면 이 움직임에 익숙해진다. 이제 손가락 투입 사실에 신경 쓰지 않아도 된다. 그것은 무의식적 능력으로 변한다.

책을 읽을 때 손가락을 사용하는 것이 유치해보인다고 생각할지 모른다. 그러나 이 같은 읽기 보조수단은 하루 20분에서 30분 정도의 연습시간 동안에만 투입하면 된다. 그러니 계속해서 손가락을 이용해 읽어야 할 거라는 걱정은 접어두자.

이 읽기 보조수단은 앞에서 말한 문제점들을 제거하는 데 아주 중요한 '3-2-1 연습'을 위해서 꼭 필요하다. 나는 단계별로 이 훈련에 대해 설명할 것이다.

첫 번째 조처는 연습시간 동안 읽기 보조수단을 투입하는 것이다. 종일 책을 읽을 때 연습시간을 제외하고는 불편하다는 생각이 들면 손을 떼어도 좋다. 그래도 훈련을 통해 얻게 된 의미단위 읽기 능력은 계속 남는다. 읽기 보조수단 없이도 더 빠르고 더 많이 이해하면서 읽게 되는 것이다.

눈의 기능 저하는 유도해주는 것이 없이는 피할 수 없는 일이다. 읽기 능력이 향상되면 손의 움직임도 많이 달라진다. 그럴 때는 손가락을 펴 책에서 살짝 떼어 페이지의 가운데를 따라 가볍게 흔들면서 아래로 내려가면 된다.

일단 책을 읽을 때 손가락 사용하는 것에 익숙해졌다면, 이제 다른 손가락 자세를 취할 수도 있다.

엄지와 검지를 이용해서 'O' 자를 만들고 가운뎃손가락 위쪽을 읽도록 하라. 손목을 이용해서 움직이는 데 신경을 집중하라. 이제 팔 전체를 움직일 필요가 없다. 그러면 다시 연습용 책을 몇 페이지 읽어보라. 처음에는 손을 사용하는 것이 아직 조금은 '뻣뻣하게' 느껴지고 눈과 손을 일치시키는 데 어려움을 느낄지도 모른다. 그렇지만 잠깐만 연습하고 나면 손을 줄들 위로 미끄러져 내리게 하는 것이 점점 쉬워진다. 스케이트가 얼음 위를 미끄러져간다고 상상하라.

이 연습의 초기에는 손을 줄을 따라 움직일 때와 동일한 속도로 움직여 다음 줄의 시작점을 찾아가는 경향이 있다. 손을 재빨리 움직여서 곧장 다음 줄의 처음으로 옮겨가도록 노력하라.

페이지를 넘기는 데는 왼손을 사용하면 된다. 왼손잡이인 경우에는 오른손을 사용한다. 어쩌면 손가락 대신 연필로 하는 것이 더 낫다고 여길지도 모른다. 한번 시험해보라.

그런데 많은 사람이 높은 읽기 속도에 도달하고 나면 다시 보조수단으로 손가락을 사용하는 것을 목격할 수 있다. 그렇게 하는 것이 정서상으로 텍스트에 더 가깝게 느껴지는 것이다.

이 새로운 기법에 익숙해지는 즉시 다시 한 번 정확히 1분 동안 책을 읽고 자신의 현재 읽기 속도를 계산해보라. 더 빨라졌다는 사실을 확인할 것이다. 더구나 아직 본격적인 읽기 훈련을 시작하지도 않았는데 말이다.

읽기 보조수단을 투입함으로써 당신의 눈은 더는 페이지 전체를 가로질러 이리저리 옮겨 다니지 않는다. 눈은 유도해주는 대로 한 줄 한 줄 읽어갈 수 있다. 이렇게 해서 다음 줄의 처음을 찾는 데 시간이 더 적게 든다.

그 외에도 당신은 자신이 더 많은 주의력과 집중력을 투입해서 읽는다는 사실을 깨닫게 될 것이다. 이것은 아주 자연스러운 메커니즘이다. 우리의 감각, 즉 주의력과 집중력은 항상 움직임이 있는 곳에 가 있다. 왜냐하면 그곳에는 우리의 생존에 대한 잠재적 위험이 도사리고 있기 때문이다. 그것에 주의를 기울이도록 우리 유전자 속에 메커니즘이 설계되어 있다. 우리가 원하든 원하지 않든 관계없다.

손을 사용해 읽는 것은 당신이 신체적으로 독서과정에 함께 포함되어 있다는 의미다. 즉 또 하나의 학습통로, 바로 촉각을 독서과정에 포함시킨 것이다. 공부를 할 때의 감각과 학습통로의 중요성에 관해서는 3장에서 상세히 다루기로 한다.

손의 일관된 움직임은 하나의 리듬에 해당하기 때문에 우뇌도 자극을 받는다. 글을 읽을 때 중요한 한 가지 능력은 의미단위를 받아들이는 것이다. 이제 어떻게 하면 이 능력을 발전시킬 수 있는지 살펴보자.

시야 폭 넓히는 법

우선 이 줄의 첫 단어를 보라. 이제 두 번째 단어로 넘어가고 아직 첫 번째 단어를 알아볼 수 있는지 살펴보라. 확실히 보일 것이다. 더 멀리 세 번째 단어로 넘어가라. 아직도 첫 번째 단어를 볼 수 있는가? 만약 그렇다면, 이런 식으로 계속해보기 바란다.

눈이 응시하는 동안 받아들이는 정보는 망막으로 전달된다. 망막은 보든 부위에서 동일한 구분 능력을 가지고 있지 않다. 글자가 아주 정확히 보이는 부분, 즉 중심 오목부가 있고, 단어들이 흐릿하게 보이는 주변부가 있다. 그러므로 누구나 선명히 볼 수 있는 일정한 시야 폭이 있다.

우리는 이 범위 내에서는 여러 단어를 한꺼번에 받아들이는 데 어려움이 없다. 이 시야 폭을 글을 읽을 때도 투입하는 데 단계적으로 익숙해져야 한다.

여자들은 본성적으로 시야 폭이 더 넓다. 남자와 여자가 수십만 년에 걸쳐 수행해야 했던 서로 다른 임무가 이런 차이를 만들어냈다. 동굴 생활을 하던 원시인들이 당시에 임무를 어떻게 분배했는지 살펴보자. 이런 것은 우습게 보일지 모르지만, 이 시기의 역할 분담은 우리의 뇌와 특히 유전자에 결정적인 영향을 미쳤다.

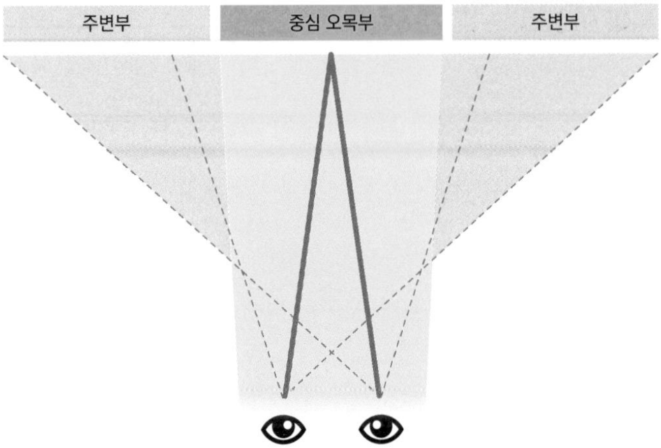

여자는 동굴 가까이에 머물면서 근처에서 나무 열매나 야채를 찾고 동굴 주변 지역의 위험을 알아내야만 했다. 이것을 위해서는 사방을 둘러보는 폭넓은 시야가 대단히 중요했다. 바로 이 때문에 여자들은 중심 오목부가 더 넓다. 남자들은 사냥을 할 때 먼 거리를 이동해야 했고, 특히 짐승들을 멀리서도 시야에서 놓쳐서는 안 되었다. 이 때문에 특정한 대상을 목표로 삼고 멀리서도 시야에서 놓치지 않기 위해 좁고 긴 (터널)시야를 확보할 수 있는 능력이 중요했다.

여기까지가 과학적 근거를 가진 설명이다. 이제 단계적으로 당신이 가진 시야 폭을 독서에 적용시키는 연습을 해보자. 앞으로는 손을 읽기 보조수단으로 투입할 때 손가락으로 그 줄의 두 번째 단어에서 시작하고 움직임도 끝에서 두 번째 단어에서 중단하라. 처음과 끝부분은 자동으로 함께 받아들이게 된다.

이제 이것을 연습용 책으로 몇 분 연습하도록 하라. 이때도 처음 몇 분 동안은 내용 파악하기가 좀 힘들다고 생각할 수도 있다. 당연한 현상이다. 이 새로운 패턴이 아직 익숙하지 않기 때문이다. 그러나 약간 연습만 하면 당신은 곧 적응이 되어 페이지의 세로 삼등분 중 가운데 부분만 따라 내려가게 될 것이다.

계속해서 3-2-1 연습을 하기 전에 먼저 첫날에는 읽을 때 보조수단을 사용하는 데 익숙해지는 연습을 마쳐야 하고, 둘째 날에는 첫 단어와 마지막 단어를 시야 폭을 통해 파악하는 일에 착수해야 한다. 가능한 한 자주, 못해도 하루 20분은 손을 투입하여 읽는 연습을 하라.

세 배 빨리 읽는 3-2-1 읽기 연습

이제 효과적인 독서를 위한 아주 중요한 연습으로 넘어간다. 나는 최근 몇 년 동안 독서법과 관련된 모든 책과 수많은 강좌에 대해 그 효용성을 검토해보았다. 대부분의 권장사항들은 시간 낭비였을 뿐, 어떤 것도 독해력이나 속도를 높이는 데 도움이 되지 않았다.

내가 특별히 구조카드와 결합시켜서 더욱 발전시킨 다음 연습은 효과적인 독서를 위한 초석이 될 것이다. 이제 시작하자.

연습용 책을 손에 들고 정확히 3분 동안 당신의 현재 읽기 속도로 읽는다. 그리고 3분 뒤에 도달한 지점을 표시해둔다. 처음 시작했던 곳으로 다시 돌아온다. 같은 텍스트를 표시한 곳까지 다시 한 번 읽는다. 그렇지만 이번에는 3분이 아니라 2분 내에 읽는다. 그러기 위해서는 손을 더 빨리 이동해야 한다. 만약 이 시간 내에 표시한 부분에 도달하지 못하면, 다시 처음으로 돌아가서 성공할 때까지 다시 읽기를 되풀이한다.

이 3-2-1 연습을 몇 번 반복하고 나면 목표를 달성하기 위해 두 번째 시도 때는 손을 얼마나 빨리 움직여야 하는지에 대한 감이 생기게 된다.

마지막으로 같은 구간을 다시 한 번 읽는다. 이번에는 1분 내에 마쳐야 한다. 이렇게 하려면 손을 처음과 비교해서 세 배나 빨리 줄을 따라 움직여야 한다. 처음에는 휙 스쳐 지나가는 것처럼 빠르게 느껴질 것이다. 그렇더라도 한 줄씩 따라가며 움직이도록 노력하라. 연습 초기에 한 줄 정도 빠뜨리더라도, 그리 심각한 문제가 되지 않는다. 그냥 계속하라. 이때 2분 내 읽기와 같은 규칙이 적용된다. 만약 1분 동안 그 구간의 끝에 도달하지 못했다면, 읽기를 다시 한 번 되풀이하도록 한다.

며칠이 지나 읽기 능력이 향상됨에 따라 당신은 금세 줄의 중간 부분만 따라 움직이게 될 것이다. 이 시점부터 이 연습은 식은 죽 먹기가 될 것이다. 두 번째와 세 번째 시도에서는 당신의 현재의 읽기 속도를 현저히 넘어설 것이다. 그러나 당장은 속도에 비해 그에 걸맞은 독서 능력은 아직 갖추지 못한 상태다. 이 능력은 다음 며칠 동안 힘들여 노력해야 얻게 된다. 그래서 처음에는 읽은 내용을 별로 이해하지 못할 것이다. 그러나 크게 문제 되지 않는다. 연습기간 동안에는 이해력은 중요하지 않기 때문이다. 연습을 마친 후에는 당연히 오직 이해력만이 중요하게 취급된다.

이 연습을 한두 번 반복하고 난 다음, 1분 동안 당신이 가장 이해하기 쉬운 적절한 속도로 읽도록 하라. 당신의 현재 읽기 속도를 계산해보면 더 빨라졌다는 사실을 알게 될 것이다. 더구나 점점 이해력도 높아지면서 말이다.

무의식적 능력으로 만들어라

이 연습이 읽기 속도와 독해력에 어떻게 도움이 되는 것일까? 이것을 알아보기 위해 한 가지 실험을 살펴보자.

실험대상자들은 1시간 동안 시속 180킬로미터로 고속도로를 달렸다. 그 후에 연구자들은 그들에게 고속도로를 벗어나 속도를 50킬로미터로 줄이라고 시켰다. 이때 속도계는 보지 못하도록 가렸다. 모든 실험대상자는 그 후에 시속 80에서 100킬로미터 사이의 속도록 달렸지만, 50킬로미터로 달린다고 느꼈다. 그들의 뇌는 새로운 정상 상태에 적응한 것이다. 그들이 전에는 빠르다고 여겼던 것이 갑자기 견딜 수 없을 정도로 느려 보인다. 한계치를 옮겨놓았기 때문이다.

3-2-1 연습에서도 이와 똑같은 일이 일어난다. 당신은 3분 동안 읽은 동일한 텍스트를 그 후에는 약간 더 빨리 2분과 1분 내에 읽는다. 당신의 뇌는 글을 읽을 때 더 높은 속도에 적응한다. 그 후에 다시 충분히 이해하면서 읽게 되면, 읽기 속도를 계산할 때 자신은 깨닫지 못했지만 더 빨라졌다는 사실을 확인하게 된다. 당신은 이전과 동일한 속도로 읽는다고 생각한다. 왜냐하면 당신의 뇌가 한계치를 약간 옮겨놓았고, 새 속도에 익숙해졌기 때문이다.

훈련할 때를 제외하고 평소대로 읽을 때는 의식적으로 더 빨리 읽으려고 노력할 필요가 없다. 그냥 자신이 편하게 느끼는 속도로 읽으면 된다. 그러므로 더 높은 속도로 읽으면 독해력이 떨어질 것이라는 의심을 가질 필요가 없다. 당신은 언제나 자신이 가장 잘 이해하는 속도로 읽기 때문이다. 그럼에도 불구하고 훈련을 마친 후에는 매번 이전보다 더 빨리 읽게 될 것이다. 그리고 시간이 지남에 따라 여러 단어들을 한꺼번에 받아들이기 때문에 이해력도 점점 더 높아진다.

연습단계에서는 이해력이 아니라 표시한 곳까지 도달하는 속도가 중요하다는 사실을 다시 한 번 명심하기 바란다. 왜냐하면 새로운 능력을 추가로 습득하기 위해서는 당신의 현재의 읽기 수준을 뛰어넘어야 하기 때문이다. 당신이 편안지대Comfort zone(편안함을 느끼는 범위)를 벗어날 때만 뇌에서 새로운 시냅스들이 형성된다. 이 시냅스는 이미 알고 있듯이 새로운 능력을 습득하는 데 반드시 필요하다.

신체 컨디션을 비유로 들어보자. 체력 단련을 하지 않는 초보들에게는 저녁에 편안히 소파에 누워 지내는 것이 거의 자신의 편안지대에 가까울 것이다. 그렇지만 컨디션을 향상시키려면 이 편안지대를 벗어나 밖으로 조깅을 하러 나가든지 해야만 한다.

독서 능력도 사정은 이와 비슷하다. 당신은 세 번째 시도에서 현재의 읽기 수준보다 세 배나 높은 속도로 읽음으로써 편안지대를 아주 멀리 벗어나는 것이다. 그렇지만 편안지대를 벗어날 때마다 매번 새로운 능력을 발전시키기 때문에 편안지대는 더욱 넓어진다. 그러면 얼마 전만 하더라도 편안지대 밖에 놓여 있던 새로운 행동은 금세 이 영역 안에 놓이게 될 것이며, 이제 훨씬 더 빠른 속도로 읽을 수 있다.

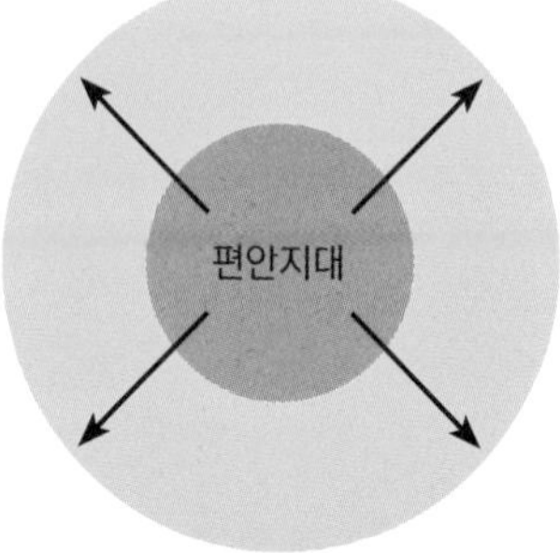

3-2-1 읽기 연습을 하는 동안 한 번에 여러 단어를 받아들이려고 의식적으로 정신을 집중할 필요가 없다. 손을 빨리 움직일수록 눈은 한 줄당 더욱 적게 건너뛰어도 된다. 그러므로 뇌는 이 연습을 통해 시선을 건너뛸 때마다 한꺼번에 더 많은 단어들을 받아들일 수밖에 없는데, 이때 뇌는 또한 단어 수가 가장 적절하게 분배되도록 노력한다. 의식하지 않아도 자동으로 이행된다. 뇌를 믿으라.

의미단위 읽기를 연습하라

우리는 책을 읽다가 이해하지 못하는 부분이 있으면 흔히 같은 곳을 계속 되풀이해서 읽게 된다. 마치 그 부분에 최면이라도 걸려는 듯이 눈으로 필사적으로 노려본다. 그렇게 하면 이해가 될 거라는 희망에서다.

그러나 이것은 공부를 할 때의 눈의 활동에 대해 잘 모르기 때문에 나오는 행동이다. 눈은 오로지 뇌가 시각적 정보를 처리하도록 전달하는 입력도구일 뿐이다. 책에서 본 단어는 몇 분의 1초 내에 이미 우리 뇌에 도달해 있기 때문에 계속해서 한 단어를 응시하는 것은 아무런 도움이 되지 않는다. 아쉽게도 눈은 우리에게 학습활동을 해주지는 않는 것이다.

어려운 부분에서는 차라리 눈을 감고 뇌가 정보를 분석하고 처리할 수 있도록 하라. 당신의 우뇌를 투입하여 머릿속으로 학습 자료를 생생하게 그려보도록 하라. 특히 시험 준비를 하고 있다면 속도는 문제가 될 수 없다. 중요한 부분은 뇌가 최대한 소화하도록 충분한 시간을 줘야 한다.

당신은 약간의 연습을 하고 나면 여러 단어들을 한꺼번에 받아들일 수 있기 때문에 더 빨리, 더 잘 이해하면서 읽게 될 것이다. 여기서 얻은 시간을 더 빨리 진도를 나가거나 더 많이 읽는 데만 사용하지 말고 텍스트를 더 적극적으로 이해하는 데도 사용하도록 하라.

어려운 대목에서는 몸을 뒤로 기대고 새로운 정보를 지금까지의 지식에 결합하라. 그것을 위해서는 당신이 익힌 새로운 독서법 덕분으로 금세 충분한 시간이 생길 것이다. 그 수준에 도달하기 위해서는 3-2-1 읽기 연습을 1주일 동안 매일 여러 번 되풀이해야 한다.

이 연습에 얼마나 많은 시간을 들일지는 당신에게 달려 있다. 자주 반복할수록 독서 능력도 빠르게 발전한다. 내가 진행하는 학습세미나에서 이 훈련을 위한 시간이 별로 없다는 불만은 거의 나온 적이 없다. 조금 시간을 들여 연습하면 그 뒤에는 몇 배나 되는 시간을 다시 얻어낸다는 것을 몸소 체험했기 때문이다.

훈련을 끝내고 나서 1분 동안 충분히 이해하면서 읽어보고, 자신의 읽기 능력이 향상된 정도를 기록해두라. 자신의 실력이 나날이 향상되는 것을 생생히 보게 될 것이다. 그리고 어느 시점에서 2~3일 동안 진전이 없어 보인다면, 평탄면을 기억하도록 하라. 계속하면 된다. 그다음 진전은 자동으로 일어난다.

Lesson 04

효과가 검증된 읽기 연습법

성공을 확실히 보장하고 효과도 가장 좋은 읽기 훈련법을 앞에서 소개했다. 약간 기분전환이 필요하다면 또 다른 연습법도 시도해보자.

번개치기 기법

이 연습을 위해서는 색인카드나 마분지 한 장 그리고 신문이 필요하다. 색인카드로 신문기사 한 단의 첫째 줄을 가린다. 그리고 카드를 아래로 내려 첫 줄을 읽고 카드를 재빨리 다시 올리면 된다. 첫 줄을 잠깐 알아볼 수 있을 동안만 하라.

이제 그 줄의 내용을 머릿속에서 그려본다. 만약 불가능하다면, 눈앞에 명확히 텍스트를 떠올릴 수 있을 때까지 이것을 반복하라. 앞으로 알게 되겠지만, 이것은 시선을 왼쪽 위로 향하고 쳐다보면 더 쉬워진다. 이렇게 하면 시각적 학습통로가 활성화되기 때문이다.

이 연습을 시작하기에 좋은 신문기사는 한 줄에 네댓 단어 정도 들어간 기사다. 이 연습이 수월해지면 한 줄당 대여섯 단어가 들어간 신문기사로 넘어간다. 나중에는 일고여덟, 아니면 그 이상 단어가 들어간 기사도 도전할 수 있다. 신문의 각 면을 이리저리 들춰보면 어렵지 않게 찾아낼 수 있다. 이 정도는 우리 눈이 그래도 해낼 수 있다. 약간 연습만 하면 손가락을 문단 가운데서 수직으로 아래로 훑어내리면서 신문을 읽게 될 것이다.

시선 건너뛰기 방법

3-2-1 연습의 또 다른 보완책으로 시선 건너뛰기 방법이 있다. 이것은 손을 사용하지 않고 눈으로 아주 의식적으로 두 번이나 세 번 건너뛰며 줄을 훑어가는 것을 말한다. 연습을 위해 텍스트에 수직으로 세 줄을 그으면 된다. 이제 당신의 눈은 이 줄들을 따라 건너뛸 수 있다.

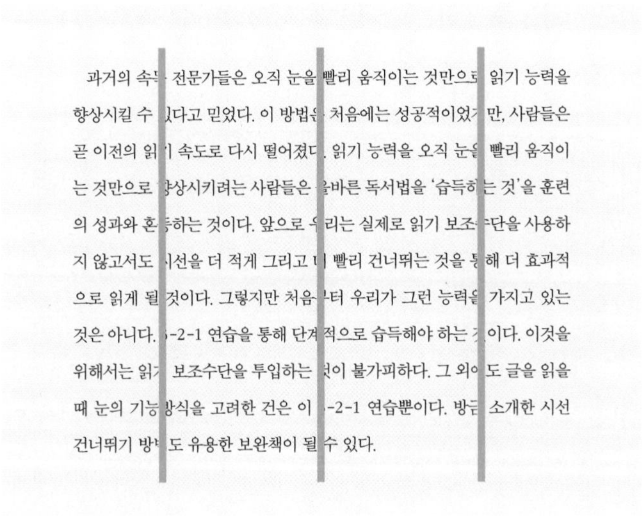
과거의 속독 전문가들은 오직 눈을 빨리 움직이는 것만으로 읽기 능력을 향상시킬 수 있다고 믿었다. 이 방법은 처음에는 성공적이었지만, 사람들은 곧 이전의 읽기 속도로 다시 떨어졌다. 읽기 능력을 오직 눈을 빨리 움직이는 것만으로 향상시키려는 사람들은 올바른 독서법을 '습득하는 것'을 훈련의 성과와 혼동하는 것이다. 앞으로 우리는 실제로 읽기 보조수단을 사용하지 않고서도 시선을 더 적게 그리고 더 빨리 건너뛰는 것을 통해 더 효과적으로 읽게 될 것이다. 그렇지만 처음부터 우리가 그런 능력을 가지고 있는 것은 아니다. 3-2-1 연습을 통해 단계적으로 습득해야 하는 것이다. 이것을 위해서는 읽기 보조수단을 투입하는 것이 불가피하다. 그 외에도 글을 읽을 때 눈의 기능방식을 고려한 건은 이 3-2-1 연습뿐이다. 방금 소개한 시선 건너뛰기 방법도 유용한 보완책이 될 수 있다.

이렇게 읽는 데 아무 문제가 없고 게다가 당신이 3-2-1 연습을 통해 읽기 능력을 향상시켜 놓았다면, 두 번 건너뛰는 것도 충분할 것이다. 이것을 위해서는 수직으로 두 줄만 그으면 된다.

과거의 속독 전문가들은 오직 눈을 빨리 움직이는 것만으로 읽기 능력을 향상시킬 수 있다고 믿었다. 이 방법은 처음에는 성공적이었지만, 사람들은 곧 이전의 읽기 속도로 다시 떨어졌다. 읽기 능력을 오직 눈을 빨리 움직이는 것만으로 향상시키려는 사람들은 올바른 독서법을 '습득하는 것'을 훈련의 성과와 혼동하는 것이다.

앞으로 우리는 읽기 보조수단을 사용하지 않고서도 시선을 더 적게 그리고 더 빨리 건너뛰는 훈련을 통해 더 효과적으로 읽게 될 것이다. 그렇지만 처음부터 우리가 그런 능력을 가지고 있는 것은 아니다. 3-2-1 연습을 통해 단계적으로 습득해야 한다. 이것을 위해서는 읽기 보조수단을 투입하는 것이 불가피하다. 그 외에도 글을 읽을 때 눈의 기능방식을 고려한 것은 이 3-2-1 연습뿐이다. 방금 소개한 시선 건너뛰기 방법도 유용한 보완책이 될 수 있다.

결과는 신경 쓰지 말고 연습에만 집중하라

지금까지 독서력 향상을 위한 1단계 훈련에 대해 다루었다. 2단계에서는 무엇보다 책을 읽을 때의 이해력과 기억력을 높이기 위해 머릿속으로 구조카드 작성하는 법을 배울 것이다. 구조카드는 1단계에서 배운 구조읽기와 깊은 관련이 있으며 결국 하나로 통합되는 개념이다.

여기서 다시 한 번 특별히 강조하고 싶은 게 있다. 평소 속도로 책을 읽을 때 지금 얼마나 빨리 읽고 있는지, 더 빨리 읽어야 하는지, 혹은 더 많은 단어를 읽어들여야 하는지 등에 절대 신경 쓰지 말아야 한다. 그것은 독서의 흐름을 방해할 뿐이다. 항상 당신이 가장 잘 이해할 수 있는 속도로 읽기 바란다. 그것만이 유일하게 중요하다.

3-2-1 연습을 꾸준히 하면, 단계적으로 점점 더 빨리 그리고 더 많이 이해하면서 읽게 될 것이다. 책을 읽는 동안 끊임없이 따져보지 말고 이 말을 명심하라. 연습하는 동안 wpm 그래프를 그려서 실력이 향상되고 있음을 생생히 느끼면 더 좋다.

Lesson 05

독서 능률을 2배 높이는 뇌 활용법

대뇌변연계를 내 편으로 만들기

사람의 뇌는 아주 오랫동안 진화과정을 겪었다. 그래서 발생학적 관점이나 구조상 관점으로 뇌를 살펴보면 흥미롭다.

뇌에서 가장 오래된 부분, 즉 가장 처음 발생한 부분은 뇌간이다. 인간은 뇌간을 가졌는데 도마뱀, 물고기, 거북 같은 하등 척추동물도 뇌간이 있다. 그래서 뇌간은 '파충류 뇌'라고도 불린다. 뇌간은 학습 능력이 없다. 오히려 본능과 밀접한 관계가 있다. 무언가가 날아들 때 방어하기 위해 본능적으로 팔을 들어올리는 것은 뇌간의 작용이다.

일상생활의 여러 습관에도 이 뇌가 작용한다. 도서관에서 계속해서 같은 좌석에 앉거나 자기 영역(자동차, 사무실)을 개인적인 물건들로 표시하는 것 등이다.

그런데 우리가 스트레스에 시달리고 위협을 받는다고 느낄 때면 언제나 뇌 속의 피가 뇌간으로 몰려들고, 그 결과 학습 능력도 상실한다. 뇌간이 공부에도 영향을 미치는 것이다. 피가 뇌 바깥 부위에서 안쪽에 있는 뇌간으로 들어가는 것이다. 그렇게 되면 생각하고 지각할 수 있는 능력을 상실한다.

이러한 위협은 오늘날에는 주로 시험, 직장에서의 프레젠테이션, 불화관계에 있는 배우자 혹은 까다로운 직장상사의 형태를 띠고 나타난다(짧은 시간 내에 학습 능력을 되찾는 법은 '스트레스 관리'에서 살펴보자).

뇌는 공부의 조력자인가 방해자인가

발생학적으로 볼 때 뇌간 다음으로 대뇌변연계가 생겨났다. 이 부위는 원숭이, 소, 돌고래 같은 포유류에서 공통적으로 볼 수 있다. 이곳은 감정을 담당하는 중심부다. 이 부위는 항상성, 즉 신체적 · 정신적 균형의 유지, 쉽게 말해서 바로 우리의 건강을 담당한다. 또 우리의 장기기억과 성생활의 상당 부분도 여기에 속하는 것으로 분류된다.

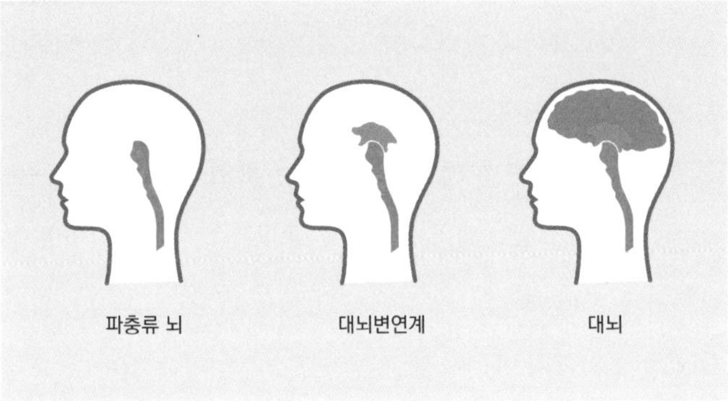

가장 늦게 생겨났고, 오직 인간만 지니고 있는 부위는 신피질, 즉 대뇌다. 이 부위는 우리가 말하고 분석하고 조합하고 논증하고 발명하고 전략을 따르고 결정을 내리고, 상황에 따라 각각 다르게 대처하도록 해주는 일을 담당한다.

새로운 정보는 이 부위에 도달하기 전에 신체적 · 정신적 균형을 유지해주는 변연계를 통과해야만 한다. 뇌의 유일한 임무는 우리의 생존을 보장하는 것이다. 이것을 위해 대뇌변연계는 모든 새로운 정보를 기존의 경험들과 비교해보는 필터 역할을 한다. 이 비교에서 긍정적인 결과가 나오면, 다시 말해 그런 정보가 이전에 긍정적인 감정을 유발한 적이 있다면, 이 정보는 대뇌로 넘겨지고 계속해서 처리하는 데 이용될 준비를 갖춘다. 말하자면 그 정보에 대해 신호등에 파란불이 들어오는 것이다.

이제 즐거움이라는 감정이 생겨나고 그것을 통해 의욕도 고취된다. 당신이 프레젠테이션을 성공적으로 마친 적이 있다면, 기꺼이 또 다른 프레젠테이션을 준비할 각오가 되어 있을 것이다. 그렇지만 비교에서 부정적인 결과가 나온다면, 변연계가 이 정보를 차단하고 대뇌로 넘겨주지 않을 것이다. 신호등에 빨간불이 들어오는 것이다.

대뇌변연계를 공부에 이용하는 법

대뇌변연계는 이런 식으로 해서 새로 발생하는 부정적인 감정에서 우리를 보호하려고 한다. 이것이 변연계의 임무다. 왜냐하면 정신적 균형을 유지하는 것도 생존을 위해 필수적이기 때문이다. 비교에서 특별히 긍정적이지도 부정적이지도 않은 결과가 나온다면, 그 정보는 대뇌로 넘겨지기는 하겠지만 대뇌는 특별히 자극을 받지는 않는다. 그럴 때 정보는 우리에게 거의 인상을 남기지 않으며, 바로 이 때문에 오래 저장되지 않는 것이다. ('복습 리듬' 참조)

따라서 변연계는 미리 정해진 규범에 따라 반응한다. 이전에 순조롭게 이루어졌던 것은 앞으로도 흔쾌히 다시 적용된다. 이것은 생존이 문제가 되는 상황에서는 매우 유익하고 중요하다. 그러나 정해진 규범에 따라 반응하는 것은 새로운 것이 추가로 학습되지 못하도록 막기 때문에 공부에는 자주 방해가 된다.

뇌는 공부를 생존 문제로 여긴다

우리는 누구나 어떤 행동방식을 고치는 것이 얼마나 힘든 일인지 경험을 통해 잘 알고 있다. 우리는 끊임없이 습관의 위력에 굴복하지 않기 위해 애쓴다. 많은 사람이 학교에서 부정적인 체험을 수없이 했기 때문에 공부에 부정적인 감정을 결부시킨다. 그 결과 대뇌변연계는 많은 정보를 차단하게 되고, 따라서 이 정보는 우리가 처리할 수 없게 되는 것이다.

이 때문에 변연계의 입장에서는 모든 새로운 공부법은 (모든 새로운 행동과 마찬가지로) 처음에는 늘 위협이 된다. 우리가 지금까지 아무리 비효율적으로 공부를 해왔다 하더라도 변연계는 그것에 개의치 않고 우리가 그렇게 해서 오늘날까지 생존해왔다는 사실을 기록해놓았다.

모든 새로운 행동은 경우에 따라 우리에게 죽음을 불러올 수도 있다. 이 말은 우습게 들릴지도 모른다. 그러나 정글에서 갑자기 호랑이가 나타나 우리에게 덤벼들 때 이 메커니즘은 사리에 맞는 것이기도 하다. 이럴 때 우리는 맞서 싸우거나 즉각 달아나야지 호랑이와 대화를 나누는 것이 합당한가를 놓고 오래 고민해서는 안 되는 것이다. 변연계는 바로 이런 식으로 생각하며, 따라서 공부에서도 차별을 두지 않는다.

새로운 공부법은 당연히 공부가 더 쉬워지고 우리가 그것에 다시 긍정적인 감정을 결부시킬 수 있도록 해준다. 그러나 우리는 먼저 대뇌변연계에게 이 사실을 확신시켜야 한다. 따라서, 이 책에 나오는 새로운 공부법도 처음에는 거부감을 불러일으키더라도 꾸준히 적용하는 것이 아주 중요하다.

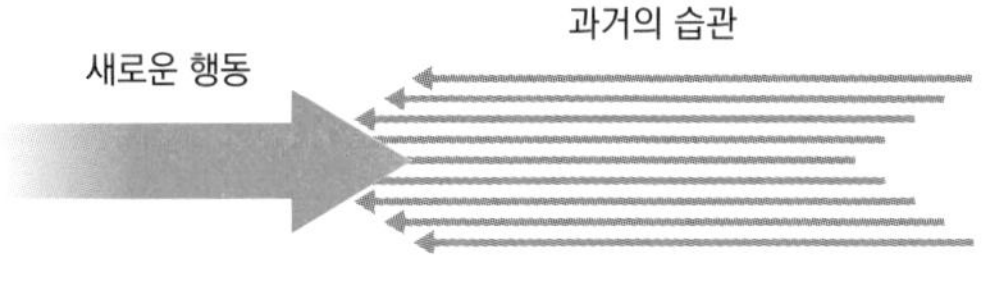

가령 새롭게 배운 기억법이 효과가 있고 우리의 생존에 해가 되기보다 득이 된다는 것을 일단 경험했다면, 우리는 변연계도

같은 편으로 끌어들이게 된 것이다. 변연계는 이제부터 공부를 방해하는 대신 도움을 줄 것이다. 이 새로운 행동은 새로운 습관이라는 강물과 같은 방향으로 흘러갈 것이다.

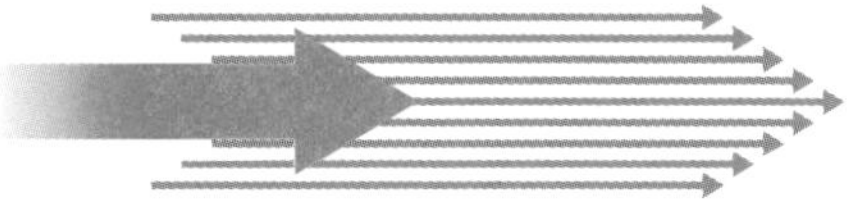

학습사이클의 각 단계에서 당신은 어떻게 하면 대뇌변연계를 자기편으로 만드는지 배우게 된다. 그 한 가지 수단이 앞에서 언급한 배열하기다. 대뇌변연계는 기준점을 가지고 있고 분야의 범위가 정해져 있다면 안심하고 받아들인다.

어떤 영역을 공부할 때 가장 먼저 할 일은 그 영역을 시험을 위해 준비해야 하는 지식 범위 속에 배열하는 것이다. 이때 '개요도'가 중요하다. 공부하려는 영역이나 주제가 전체 주요 항목 가운데 어느 것인지, 항목은 서로 어떻게 연결되는지, 상위개념과 하위개념의 구조는 어떠한지가 모두 개요도에 드러난다. 공부 영역을 개요도를 그려 배열해두면 앞으로 공부를 하면서 언제든지 올바른 방향을 찾을 수 있고, 전체적인 개요를 절대 놓치지 않을 것이다. 당신의 대뇌변연계가 편안함을 느끼기 때문에 공부가 더욱 쉬워진다. 이 방법을 모든 지식 분야에 적용해야 한다. 전체를 한눈에 파악하라. 투자한 시간은 몇 배로 보상된다.

2장

치밀하게 구성한다

: 지식과 정보를 완전히 흡수하는 마인드맵 활용법

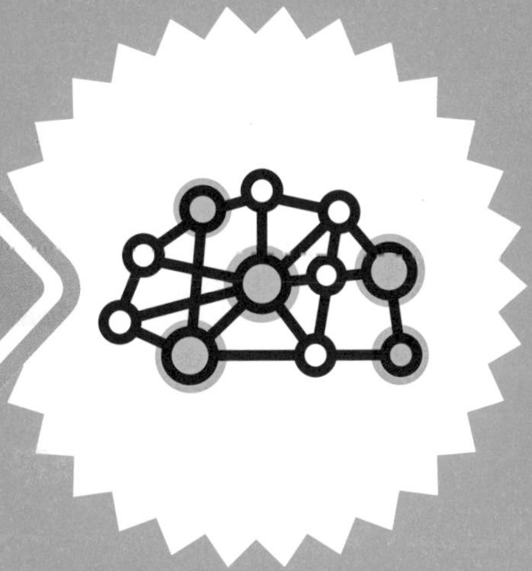

학습사이클
2단계 : 정리법

어떻게 읽는 것이 머릿속에 가장 오래 남을까? 여기 하나의 연구 결과를 소개한다. 과학자들은 시험대상자들을 세 그룹으로 나누었다.

첫 번째 그룹에게는 비교적 긴 텍스트를 오직 읽어보기만 하도록 한 뒤 내용에 관해 질문했다. 그들은 기억하는 것이 거의 없었다.

두 번째 그룹은 텍스트에 밑줄을 긋고 표시를 하며 읽을 수 있도록 해주었다. 이 그룹은 내용에 관해 더 많은 것을 기억했다.

세 번째 그룹은 읽는 동안 텍스트에 관해 메모를 하는 것이 허용되었다. 이 그룹은 그 후의 테스트에서 월등히 뛰어난 성적을 보였다.

이러한 실험결과를 통해 "텍스트를 적극적으로 다룰수록 학습 효과도 높다"는 원칙이 확인된다. 이때 얼마나 심도 있게 읽어나가는지가 결정적으로 중요하다.

2장에서는 정보를 정리할 때도 이러한 적극적인 학습태도를 유지하는 법을 배우게 된다. 그렇게 하면 3장에서 이 정보를 영속적으로 저장하고 그 후에 언제든지 불러올 준비를 갖추는 데 아무런 어려움이 없을 것이다.

메모 이야기로 돌아가자. 어떤 텍스트에 관해 메모를 하려면 당신은 그것을 적극적으로 다루어야 한다. 중요한 것과 중요하지 않은 것을 구분하고 구조를 알아내야 하는 것이다. 메모를 하는 데는 여러 가지 수단이 있다. 이 장에서 다루게 될 구조카드가 공부에 많은 도움이 될 것이다. 여기서 '구조카드'라는 용어는 1장에서 다룬 '구조읽기'와 함께 이 책의 핵심을 이루는 중요 개념인데, 흔히 말하는 마인드맵과 같다. 구조읽기와 연계하여 다룰 때는 '구조카드'라는 용어를 쓰고, 그렇지 않을 때는 일반적으로 더 많이 알려진 '마인드맵'이라는 말을 쓸 것이다.

Lesson 01

공부, 구조화에서 승부가 난다

대뇌변연계를 안심시킨다

마인드맵 작성의 장점은 우선 대뇌변연계를 안심시킨다는 것이다. 다시 한 번 대뇌변연계로 돌아가보자.

대뇌변연계는 전체 구조를 한눈에 파악할 수 없고 체계화되어 있지 않은 모든 것에 대해 불안해한다. 우리가 계획성 없이 무작정 공부에 달려들고 정보를 언제라도 현재의 지식그물망 속에 배열하지 못한다면 우리는 과도한 부담을 느끼고, 변연계

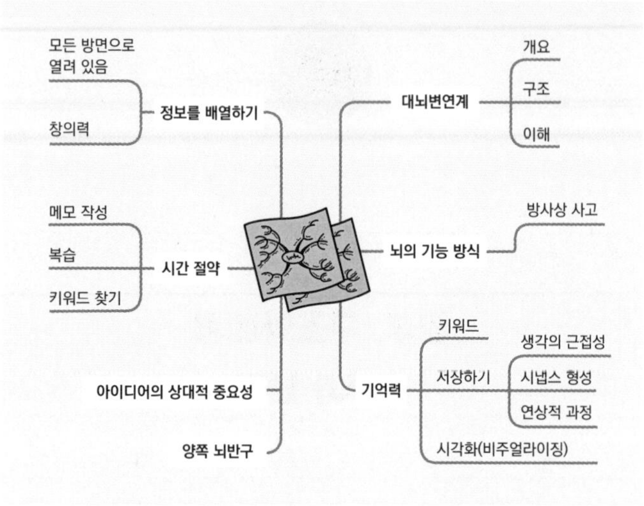

는 우리의 학습 노력에 방해가 될 것이다.

반면, 공부를 할 때 범위가 정해져 있고 기준점을 가지고 있다면, 그 즉시 이 거부감은 사라진다. '개요도'와 구조는 대뇌변연계가 협력하도록 분위기를 유도한다.

당신은 마인드맵을 이용해서 본질적으로 중요한 모든 정보를 한 페이지에 일목요연하게 모아두었다. 이것은 변연계가 안심하도록 만든다. 마인드맵에는 항상 당신이 원하는 만큼의 정보만 들어 있다. 당신은 한 맵의 모든 하위 가지들을 새 용지의 중심에 옮겨놓고 이제 추가정보를 연결할 수 있다. 그 전의 용지에는 해당 가지에 연결된 맵이 있다는 메모를 기입해놓는다. 이렇게 하면 여러 개의 마인드맵을 규격화된 단위로 분류할 수 있고 자신의 지식을 체계화해서 여러 페이지에 걸쳐 분산시킬 수 있다.

왼쪽 그림은 마인드맵 작성의 장점을 마인드맵으로 정리한 것이다. 단순한 직렬 메모와 비교해볼 때 어떤 장점이 있을까?

한 텍스트의 구조도 마인드맵(구조카드)을 이용하면 가장 명확히 나타낼 수 있다. 다루고 있는 주제가 용지의 중심에 놓인다. 이것은 마땅히 그곳에 자리 잡아야 한다. 반면에 직렬 메모에서 주제는 표제어로서 페이지의 가장자리 주변에 놓인다. 뇌의 입장에서 이것은 도무지 이해하기 힘들다.

무엇에 관한 것인지는 그 중요성에 비추어 마땅히 한가운데에 놓여야 한다. 그곳에서 모든 생각이 가지로 뻗어나간다. 텍스트의 구조를 결정하는 근본적인 생각은 이 중심에 직접적으로 연결되고 주 가지 위에 놓이게 된다. 하위의 생각은 하위 가지에 연결되고 페이지의 가장자리에 놓인다. 한 텍스트의 구조를 이보다 더 생생하게 나타낼 수는 없다.

마인드맵은 뇌의 작동방식과 일치한다

마인드맵 작성은 우리 뇌의 작동방식과 일치한다. 우리는 1장에서 이미 우리 뇌의 내면 활동에 관해 다루었다. 각 뉴런 사이에는 수많은 시냅스가 있다. 어떤 세포가 자극을 받으면 동시에 주변의 세포들에 저장된 지식도 활성화된다. 그래서 우리의 생각은 연상적이다.

뇌의 시냅스는 3차원의 마인드맵에 비유된다. 구조카드는 이러한 뇌의 구조를 2차원적으로 나타낸다. 과학자들은 오랫동안 우리의 뇌가 직렬 형태로 작용한다고 생각했다. 이것은 우리가 말하고 글을 쓰는 방식을 관찰한 결과에서 추론된 것이다. 시간과 공간의 제약을 받기 때문에 우리는 정보를 다른 사람에게 직렬 형태로 전달할 수밖에 없다. 책을 통해 전달되든 말로 전달되는 상관없이 똑같다.

그러나 뇌는 직렬 형태로 작동하지 않는다. 생각은 직선적, 논리적 과정을 따르지 않는다. 생각은 매초 뇌세포에서 일어나는 수백만 번의 화학작용에서 생겨난 결과다. 생각은 연상적인 반응이다.

우리는 이것을 아주 쉽게 관찰할 수 있다. 우리는 이 생각에서 저 생각으로 금세 건너뛴다. 모든 생각은 다시금 추가 연상을 불러일으킨다. 그래서 우리가 어떤 사람과 대화를 하는 동안 동시에 다음과 같은 생각이 떠오르기도 한다.

"맙소사, 저 사람 스웨터 꼴이 왜 저래."

그러므로 뇌는 방사상으로 '흩뿌리듯이' 작동하며, 이것은 마인드맵에서 표현되는 것과도 일치한다. 어떤 테마에서 시작해서 추가 연결부들이 생겨나고, 이것은 다시 또 다른 연상을 불러온다. 여기서 이제 두 개의 연결부interface가 생겨난다.

우리는 남에게 어떤 것을 전달하려고 할 때 자신의 방사상 생각을 직렬 형태로 만들어야 하고, 다른 한편으로 받아들이는 사람은 자신의 뇌가 이 직렬 정보를 이해할 수 있도록 다시 방사상 형태로 바꾸어야 하기 때문이다.

이제 이 두 연결부는 가능한 한 효과적으로 연결될 필요가 있다. 그러므로 우리가 어떤 책을 쓰거나 프레젠테이션을 준비하기 전에 자신의 방사상 생각을 원래의 형태 그대로 외부로 옮겨놓아야 한다. 이것은 마인드맵으로 바꾸는 것이 가장 좋다. 그다음에 우리는 자신의 생각을 어떤 순서로 전달할 것인지 숙고해보면 된다.

책이나 강연은 이렇게 해서 구조를 얻는다. 그러나 소위 '가르치는 사람들'은 이 과정을 거치지 않는다. 배경지식이 없기 때문이다. 배우는 사람으로서 우리는 거기에 아무런 영향도 미치지 못한다. 물론 우리는 '지식 전달자들'에게 결함을 지적할 수는 있겠지만, 대부분 책이나 강연의 내용을 그냥 받아들일 수밖에 없다. 그러나 이 정보를 거꾸로 변환시킬 때는 영향을 미칠 수 있다.

이 직렬 정보는 먼저 마인드맵을 통해 다시 방사상 생각으로 바뀌어야 한다. 그렇게 되면 뇌에 저장하기가 더 쉬워진다. 이제 뇌가 처리할 수 있게 정리되어 있기 때문이다. 적어도 이 과정에 이르면 전달자가 체계화해서 생각할 능력이 있었는지도 아주 명확히 드러난다. 어떤 책이나 강연의 약점이 금세 눈에 띄기 때문이다. 만약 이 결함이 직렬 형태로 되어 있다면 두드러지지 않았을 것이다. 그래서 텍스트의 잘못된 점 때문에 이해가 되지 않거나 배우기가 힘들다고 여겨질 때 우리는 자신에게서 문제를 찾아보았을 것이다.

기억력이 향상된다

마인드맵으로 정보를 정리하는 것은 기억력을 상당히 높여준다. 정보가 훨씬 더 심도 있게 다루어졌기 때문이다. 어떤 텍스트에서 가장 중요한 내용을 발췌해서 직렬 형태로 옮겨 적는 것은 그리 힘든 일이 아니다. 거기에는 정신노동이 거의 필요하지 않다. 텍스트를 단지 직렬 메모로 요약만 하는 것은 누구나 할 수 있다.

그러나 마인드맵에서는 이 정보를 2차원으로 나타내야 한다. 단지 개별단어들을 순서대로 적어넣어서는 안 되고, 구조를 명확히 알아내야 한다. 이렇게 하려면 어느 정도의 사고력이 필요하다. 그러나 이 사고력만이 당신에게 공부의 결실을 안겨준다. 이렇게 정보를 심도 있게 다루었기 때문에 시간이 흐른 뒤에도 내용을 기억하게 되는 것이다.

그 외에도 마인드맵은 핵심단어, 즉 키워드를 다루는 작업이기도 한데, 이 작업은 정보에 대한 기억을 촉진한다. 당신이 어떤 책이나 강연의 내용을 얼마나 잘 기억할 수 있는지는 대부분 그 내용을 얼마나 효과적으로, 되도록 적은 키워드로 줄일 수 있는가 하는 능력에 달려 있기 때문이다.

우뇌는 직렬 문장으로는 아무것도 할 수 없다. 우리의 뇌 자체도 문장 전체를 저장하는 것은 아니다. 이 때문에 우리가 어떤 텍스트에서 문장을 통째로 베껴적는 직렬 메모는 부적절하다. 오히려 한 단원의 내용을 가능한 한 적은 수의 키워드로 요약하는 것이 더 중요하다. 경우에 따라서는 한 단원에 하나의 키워드로도 충분하다.

뇌는 이 키워드를 지식그물망에 끼워넣을 수 있다. 이 키워드가 나중에 기억 속에서 다시 활성화되면, 그 단원의 내용 전체를 되살린다. 이 추가 정보는 그 키워드에 연상 형태로 매달려 있다. 다음과 같은 상황을 상상해보라. 당신이 어떤 모임에 참석했는데 재미난 농담을 하나 해달라는 부탁을 받는다. 그러나 지금 당장은 생각이 꽉 막힌 것 같다. 도무지 어떤 우스갯소리도 떠오르지 않는다. 다행히 이 모임에는 당신의 친한 친구도 한 명 와 있다. 그래서 그 친구가 당신에게 이렇게 소리친다.

"그 개구리 얘기 좀 해봐."

단지 '개구리'라는 키워드만으로도 당신에게는 그 농담 내용 전체가 다시 눈앞에 생생히 떠오를 것이다. 비록 그 농담이 한 페이지 이상이나 된다 하더라도 말이다. 당신이 어떤 키워드를 통해 계기를 부여받았다는 점이 아주 중요했던 것이다.

공부를 하는 데도 사정은 이와 다르지 않다. 이 방법을 응용하면 앞으로 어떤 책이나 직렬 형태의 텍스트를 두 번 읽을 필요가 없다. 훨씬 더 심도 있게 이해하기 위해 다시 읽는 경우가 아니라면 말이다. 그러나 앞으로 살펴볼 '3-2-1 읽기 고급 연습'을 이용하면 글을 처음으로 읽더라도 이미 아주 심도 있게 이해하게 될 것이다.

당신은 앞으로 책과 텍스트를 한 번만 읽으면 되기 때문에 많은 시간을 절약하게 되고, 또한 절차상으로 정보를 다루는 일을 단순화하게 된다. 수많은 잡지, 텍스트, 책 대신 당신의 책상에는 키워드들이 담긴 구조카드가 놓인다. 이것을 위해서는 텍스트에서 아주 의식적으로 키워드를 만들어내고, 그렇게 해서 텍스트를 응축하는 과정이 필요하다. 그러지 않을 경우에 뇌는 저장을 할 때 완전한 문장을 처리할 도리가 없어서 키워드를 스스로 골라내야 한다. 이것은 언제나 성공하지는 못하기 때문에 우리는 정보를 더는 불러오지 못할 수도 있다.

키워드를 의식적으로 확정하면 더 효과적으로 공부가 된다. 그러므로 여기서도 다음과 같은 원칙이 적용된다.

"가능한 한 적게, 꼭 필요한 만큼만."

여기에 관한 더 자세한 내용과 올바른 키워드를 찾아내는 능력을 발전시키는 방법에 관해서는 마인드맵 작성 규칙 편에서 배우게 된다. 그 후에 그 키워드를 활성화하면 그것은 직렬 형태의 텍스트 내용 전체를 다시 당신의 머릿속에 떠오르게 해줄 것이다. 이미 언급했듯이 이 정보는 키워드에 연상적으로 매달려 있다.

이때 결정적으로 중요한 것은 올바른 복습 시스템이다. 어떤 텍스트에서 마인드맵을 작성하고 그 맵을 몇 달 동안 그냥 방치하면, 키워드를 떠올려도 텍스트 내용 전체를 되살려주지는 못한다. 그러므로 이 키워드를 일정한 주기로 잠깐씩 활성화해야 한다. 이렇게 하는 데는 시간이 많이 들지 않으며, 그것조차 몇 배로 돌려받는다. 내가 고안한 '복습 폴더'를 이용하면 복습을 하는 데 별 어려움이 없을 것이다(3장 참조).

뇌가 중요한 키워드를 연상적으로 서로 연결시키는 일은 힘들지 않다. 지식그물망과 관련하여 살펴보았듯이, 이것은 저장을 하는 데 아주 결정적으로 중요하다. 구조카드에는 중요한 생각들이 가까이 모여 있으며, 직렬 형태의 메모에서처럼 방해가 되는 보충어에 의해 불필요하게 서로 떨어져 있지 않다. 이 때문에 시냅스의 형성과 연상 작용이 촉진된다. 그러나 마인드맵 작성을 통해 우리는 또 다른 이유에서 기억력을 향상시킨다. 모든 구조카드는 유일무이하며 독특하다. 특히 손으로 작성된 구조카드는 그림과 비슷하다. 구조카드를 생생하게 떠올려보는 것(비주얼라이징)을 통해 뇌는 기억하기가 쉬워진다.

좌뇌와 우뇌 모두 사용한다

비주얼라이징은 그 구상적인 모습 때문에 우뇌도 공부에 함께 개입시킨다. 이것은 우리가 카드에서 더 많은 색상, 상징, 기호, 그림을 가지고 작업할 때 더욱 효과적이다. 각 단어는 다른 한 편으로 좌뇌를 자극한다. 좌뇌와 우뇌를 결합할 때만 최적의 공부가 가능하다는 점에서 이러한 그림과 단어의 혼합은 아주 이상적이다.

그러므로 마인드맵 작성이 우뇌로 생각하는 사람들에게 더 적합하다는 주장은 잘못된 것이다. 정반대라고 해야 옳다. 비록 좌뇌에 더 많이 의존하는 사람들이 처음에는 더 힘들어하겠지만 말이다.

대신 그들은 이 기법을 학습 과정에 통합시키는 것에서 더 많은 이득을 얻는다. 어느 쪽 뇌나 어떤 공부 스타일을 선호하든 상관없이 서로 결합하는 것이 중요하기 때문이다.

좌뇌는 감독관 역할을 하기 때문에 새로운 수법에 대해 많은 경우에 거부감을 보인다. 이럴 때 우리는 '마인드맵이 무질서하게 보인다'고 쉽게 믿어버린다. 직선적이고 세부적인 사항에 맞추어져 있는 좌뇌의 입장에서 처음에는 그렇게 보일지도 모른다. 그렇다 하더라도 공간적인 배치를 통해 우뇌의 구상적인 생각도 자극하는 것이 중요하다.

정보의 우선순위를 알 수 있다

직렬 형태의 메모를 보며 공부를 할 때는 무엇보다 시간이 중심을 이룬다. 즉, 나는 정보를 읽거나 들으면서 뇌가 정보의 중요성이 아니라 시간의 흐름에 몰두하도록 억지로 시키게 된다. 정보가 전혀 차별화되지 않은 채로 전달되기 때문이다. 그래서 내가 전에 직렬로 기록해놓은 것에서 특정한 세부사항을 다시 찾고 싶다면, 읽거나 들었던 내용을 직렬 형태 혹은 순차적인 방법으로 떠올려야만 한다. 그러므로 우리는 일차적으로 정보의 '시간'을, 그리고 부차적으로만 정보의 중요성을 배우게 되는 것이다.

반면에 마인드맵에서는 내용이 우선적으로 중요하다. 문제가 되는 주제가 용지의 중심에 놓인다. 정보의 상대적인 중요성은 그것이 주 가지에 있느냐, 아니면 하위 가지에 있느냐에 따라 즉각 명확히 드러난다. 각 가지가 어떻게 연결되어 있는가를 살펴봄으로써 정보 사이의 연관성 또한 명확히 알 수 있다. 물론 작성할 때와 처음으로 복습할 때는 정보에 대해 가지 하나하나씩 처리하느라 연관 관계를 파악하기가 쉽지 않겠지만, 나중에 마인드맵을 들여다볼 때는 이 가지들은 점점 더 전체적인 그림으로 보인다.

시간이 절약된다

마인드맵 작성은 시간도 상당히 절약하게 해준다. 과학자들의 연구에 따르면 직렬 메모에 쓰인 단어들의 90퍼센트는 불필요하다고 한다. 메모를 작성할 때 키워드로 줄임으로써 많은 시간을 절약할 수 있다. 자연적으로 복습시간도 상당히 줄일 수 있다. 키워드만 다시 한 번 활성화시키면 되기 때문이다. 나중에 복습할 때 키워드나 그림을 보는 것만으로도 가지에 기입된 모든 추가 정보를 활성화하기에 충분하다. 마지막으로 정보를 찾을 때도 중요한 키워드만 검색하면 되기 때문에 시간을 절약하게 된다.

정보 끼워 넣기가 자유롭다

직렬 메모와 비교해서 마인드맵이 가진 엄청난 장점 중의 하나는 마인드맵이 모든 방면으로 열려 있다는 점이다. 직렬 메모에서는 나중에 어떤 항목을 추가하기가 좀처럼 힘들다. 그러나 마인드맵에서는 언제든지 하위 가지를 추가로 끼워넣을 수 있다. 이것은 효과적인 지식 관리다. 언제든지 이미 존재하는 마인드맵, 즉 습득된 지식을 다시 불러와서 그 지식을 효과적으로 보완할 수 있기 때문이다. 동일한 테마에 관해 책이나 논문을 더 읽거나 자신의 생각이 더 추가되면, 이것을 마인드맵에 끼워넣을 수 있다. 이렇게 해서 지식그물망을 꾸준히 넓혀가는 것이다.

어떤 맵에 공간이 충분하지 않을 경우에는 주변에 배치된 주제를 새로운 맵의 중심 테마로 만들어 계속 이어가면 된다. 그리고 이전 맵에는 연결되는 맵이 있다는 것을 메모해둔다. 단어의 수가 적기 때문에 맵은 새로 하나 더 작성하기도 쉽다.

마인드맵 작성은 뛰어난 창의력 기법이기도 하다. 가지에 기입한 항목은 어떤 것이든 추가 연상을 연결하기 위해 활용될 수 있으며, 이것들은 또 다른 연상을 불러온다. 이런 식으로 짧은 시간 내에 많은 새로운 아이디어를 불러올 수 있다.

Lesson 02

생각의 지도, 마인드맵 3단계 작성법

지금부터 마인드맵 작성에서 진행되는 핵심 세 단계를 살펴보도록 하자.

1단계: 텍스트 구조 파악하기

가장 먼저 텍스트 구조를 파악해야 한다. 이 구조는 마인드맵의 주 가지에 다시 등장할 것이다. 3장에서 3-2-1 고급 연습 덕분에 한 텍스트의 구조를 읽으면서 이미 구조카드를 작성하고 마음의 눈으로 생생히 그려볼 수 있게 된다.

텍스트 구조를 마인드맵으로 옮기는 방법에는 여러 가지가 있다. 여기에는 옳거나 그른 것은 없다. 동일한 텍스트에 대해 두 사람이 작성한 마인드맵은 결코 똑같지 않을 것이다. 또한 당연히 그래야 한다. 왜냐하면 사람들은 누구나 머릿속에 지극히 개인적인 지식그물망을 가지고 있기 때문이다. 따라서 사람들이 연상하는 것은 저마다 개별적으로 연결되어 있다. 어떤 사람은 '한 장'이라는 말에서 가장 먼저 '종이'를 떠올리는 반면, 다른 사람은 '잎사귀'를 떠올릴 것이며, 또 어떤 사람은 '카드'를 떠올릴지도 모른다. 공부를 하는 데도 이러한 개별성이 고려되어야 한다.

2단계: 올바른 키워드 찾기

주 가지들을 통해 텍스트 구조를 알아냈다면 이제는 올바른 키워드를 찾아야 한다. 이 능력은 배워서 익힐 수 있다. 만약 텍스트에서 첫 번째 마인드맵을 작성해보았다면, 핵심 내용을 골라내는 것이 점점 쉬워지는 것을 확인하게 될 것이다. 어떻게 하면 읽기를 하는 동안 이 능력도 발전시키고 적용시킬 수 있는지는 3장에 나오는 '3-2-1 고급 연습'에서 알게 된다.

간혹 마인드맵을 작성하고 싶지 않아 메모를 직렬 형태로 작성한다 하더라도 키워드로 한정하는 방식은 지켜야 한다. 그럴 때는 각 키워드 사이에 그려 넣는 화살표를 통해 흐름을 명확히 하라. 이 화살표에 키워드 사이의 연관성을 이해하는 데 필요한 구조단어(여기서는 접속사를 말함-옮긴이)를 적어두어야 한다. 예를 들어 '그러므로' '반면에' '그리고' '혹은' '예를 들어' '예외로는' 등이다.

우리는 강연이나 세미나에서 받아적는 것을 마인드맵 형태로 작성하라는 조언을 자주 듣는다. 이것을 시도해본 적이 있는 사람이라면 그게 쉬운 일이 아니라는 사실을 알 것이다. 처음에는 강연 구조를 파악하지도 못 한다. 그래서 종이에 주 가지들을 배치하는 것이 힘들다. 발표자가 아주 뛰어난 사람이어서 강연 첫머리에 주제에 관해 일목요연하게 소개해주지 않는 한은 그렇다.

3단계: 정보 사이의 연관 관계 만들기

마지막으로 화살표를 이용해서 각 정보 사이의 연관 관계를 그려넣어야 한다. 이렇게 해야 텍스트를 이해할 수 있게 된다. 직렬 메모에서는 전체를 이루는 정보가 여러 장에 걸쳐 흩어져 있기 때문에 이렇게 하는 것이 불가능하다.

마인드맵에서는 키워드로 한정하는 작업을 통해 아주 많은 정보를 단 한 장의 용지에 일목요연하게 기술할 수 있다. 더구나 구조도 함께 나와 있다. 이것은 연결 관계를 알아보기 위해서는 반드시 필요하다. 직렬 텍스트에서 지금까지 고민거리였던 문제점이 단번에 해결된다.

그 예로서 '학습사이클'을 인용해보자. 각 단계 사이에 몇 개의 연결 관계가 기입되어 있다. 이 책에서는 해당되는 다른 연결 관계가 나올 때마다 매번 언급된다. 이 연결부들을 직접 기입하도록 하라. 이렇게 하면 전체 연관 관계에 대한 이해가 늘어남을 알 수 있다.

마인드맵을 그리면서 나의 약점을 알아챘다

마인드맵 작성이 처음에는 어느 정도 거부감이 드는 것은 아주 정상적이다. 마인드맵은 자신의 학습 능력이 어느 정도인지 그대로 보여주기 때문이다.

텍스트 구조 파악과 올바른 키워드 찾기, 정보 사이의 연관 관계 만들기로 이루어지는 마인드맵 작성 절차는 학습 과정에서 결정적으로 중요한 일이다.

마인드맵을 작성하다보면 당신이 이 능력을 얼마나 잘 갖추고 있는지 대단히 명확히 드러난다. 만약 당신이 마인드맵을 작성하는 데 문제가 있다면, 이 영역에서의 학습 능력도 좋은 상태가 아니라는 뜻이다.

어떤 텍스트를 손에 들고 한 단원의 내용을 마인드맵에 적어 넣어보자. 그 과정이 쉽지 않더라도 결코 낙심할 문제는 아니다. 다만 그것을 이 기법 탓이 아니라, 단지 마인드맵을 작성하는 과정과 관련한 당신의 현재의 학습 능력이 부족하기 때문이라고 받아들여야 한다. 즉, 텍스트 구조 파악 능력이 떨어지거나 키워드를 찾는 데 서툴거나 혹은 연관성을 전혀 파악하지 못하고 있다는 뜻이다. 나도 처음 연습할 때는 힘들었다. 그렇게 할 수 있는 능력을 어디서 얻는단 말인가? 중 · 고등학교에서도 대학에서도 이 지식은 배우지 못한다.

그러니 마인드맵 작성을 무엇보다 자신의 학습 능력을 향상시키는 훈련으로도 활용하라. 당신이 작성하는 마인드맵이 하나씩 늘어갈수록 공부에 중요한 세 핵심 분야에서의 능력도 향상된다. 그리고 당신이 마인드맵 작성을 하기 힘들어할수록 이 세 과정을 훈련하는 것은 더욱 중요하다.

학습사이클 3단계에서 '3-2-1 읽기 고급 연습'을 다룰 때, 글을 읽는 동안에도 머릿속에서 이 과정들을 훈련할 수 있는 방법을 배우게 된다. 텍스트의 모든 부분에 대해 일일이 마인드맵을 작성하는 것은 확실히 무의미한 일이기 때문이다. 그것은 읽어나가는 데 방해만 된다. 오히려 마인드맵은 중요한 부분, 그리고 이해하기 힘든 부분에 대해 작성해야 한다. 그 밖의 경우에는 마인드맵을 머릿속에서 그려보는 것으로도 충분하다.

학습사이클

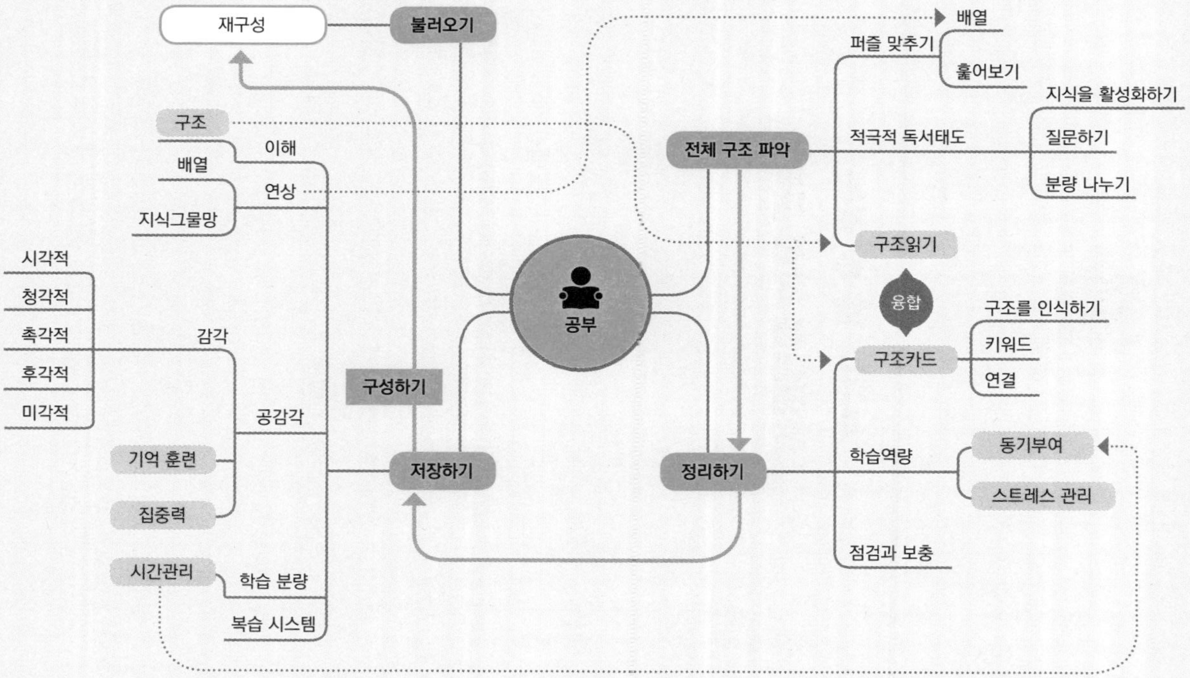

재구성
불러오기
구조
이해
배열
연상
지식그물망
시각적
청각적
촉각적
후각적
미각적
감각
공감각
기억 훈련
집중력
시간관리
학습 분량
복습 시스템
구성하기
저장하기
공부
전체 구조 파악
정리하기
배열
퍼즐 맞추기
훑어보기
지식을 활성화하기
적극적 독서태도
질문하기
분량 나누기
구조읽기
융합
구조를 인식하기
키워드
구조카드
연결
학습역량
동기부여
스트레스 관리
점검과 보충

Lesson 03

누구나 할 수 있는 마인드맵 작성 규칙

기본 원리를 이해했다면 이제 마인드맵 작성 규칙을 살펴보자. A4용지와 같이 쉽게 구할 수 있는 용지를 가로로 놓고 시작한다. 가로 폭이 더 넓게 종이를 돌려놓으면 또 하나의 장점이 생긴다. 우뇌가 더욱 긴밀하게 공부에 개입되는 것이다. 이것은 조건반사와 관련이 있다. 우리는 가로 형태에 자동으로 구상적인 것을 결합시킨다. 그림을 그릴 때도 종이는 대부분 가로로 놓인다. 그리고 그림전시회에 가보면 대부분의 그림이 벽에 가로가 길게 걸려 있다. 우리가 어떤 사람에게 종이를 세로로 해서 내밀면 그의 눈은 자동으로 왼쪽 위의 구석으로 향한다. 반면에 가로로 놓인 종이에서는 먼저 가운데를 보게 된다. 종이를 돌려놓는 것만으로도 우리는 생각이 막힌 것이 해소되는 것을 확인할 수 있다.

만약 시간 여유가 있다면, 비록 자신이 지금까지 그림을 잘못 그린다고 믿어왔다 하더라도 용지의 가운데서 여러 색상의 그림으로 시작해야 한다. 이것 역시 올바른 수법을 동원하면 누구나 금세 익힐 수 있는 능력이다.

처음에는 그림이 특별히 멋지게 보일 필요는 없다. 경우에 따라서는 중심 단어를 컬러로 강조하는 것만으로도 충분할 것이다. 중요한 것은 당신의 우뇌를 투입하는 것이다. 당신은 이런 맵을 아주 명료하게 기억할 수 있다는 것을 확인할 것이다. 왜냐하면 중심 그림이 결정적으로 중요하기 때문이다. 이 그림을 떠올릴 수 있다면 연상적으로 각 가지들도 기억 속으로 불러올 수 있다.

키워드는 항상 밑줄 위에 놓여야 한다. 이때 밑줄은 단어 길이와 같아야 한다. 먼저 단어부터 기입하고 그 후에 밑줄을 쳐도 좋다.

마인드맵이 자연스러운 나무 구조와 일치하도록 가지들은

끊어지지 않고 서로 붙어 있어야 한다. 그래야 우리 뇌가 가장 쉽게 이해할 수 있다.

한 가지 항목에 되도록 한 단어만 놓는 것이 좋다. 두 단어가 필요할 것 같으면 이것을 두 개의 가지로 나눌 수는 없는지 숙고해야 한다. 처음에는 대뇌변연계가 자주 방해할 것이다. 메모를 직렬 형태로 작성하는 데 익숙해 있다면, 갑자기 하나의 키워드만 사용하는 것이 힘들게 느껴질 것이다. 우리는 잠재적으로 나중에 많은 정보를 기억하지 못할 것이라는 불안을 느끼기 때문에 여러 단어를 한 가지 위에 적게 된다. 원한다면 처음에는 그렇게 해도 좋다. 나중에 복습을 할 때 한 단어면 충분했다는 점을 확인하게 될 것이다. 그때는 변연계에 확신을 심어준 상태이며, 그 다음부터 작성된 맵에서는 내면의 저항감을 느끼지 않고 만족할 수 있을 것이다.

우뇌를 더욱 긴밀하게 끌어들이기 위해서는 가능한 한 다양한 색상을 사용해야 한다. 적절한 곳에 작은 그림을 그려넣으면 기억력을 높여준다. 시간이 지남에 따라 우리는 자주 사용되는 단어나 관용구를 상징적으로 나타내기 위해 자신만의 상징 그림을 여러 가지 마련하게 될 것이다.

메모는 또박또박 인쇄체로 적는 습관을 들이자. 그러면 맵을 읽는 것이 쉽고, 또한 그림처럼 인식되어 우뇌에서도 처리할 수 있다. 일목요연함을 보여주기 위해 주 가지 글자는 조금 더 크게 적어넣어도 좋다.

이제 예로서 이 장의 처음에 열거되었던 마인드맵 작성의 장점에 관한 마인드맵이 다음 쪽에 나온다. 먼저 95쪽에서 108쪽까지의 내용으로 마인드맵을 직접 그려보기 바란다. 그다음에 당신이 그린 마인드맵을 다음 쪽의 마인드맵과 비교해보라.

약간 다르다고 해서 옳거나 틀린 것은 아니다. 처음에는 주 가지를 분배하는 데 어려움을 겪을지도 모른다. 또한 당신이 그린 마인드맵에 정보가 빽빽하게 몰려 있는 부분도 생겨날 것이다. 반면에 다른 부분은 아무것도 적혀 있지 않은 공백으로 남아 있을 것이다. 약간만 연습하면 공간적으로 배분하는 것에 대한 직감과 요령을 얻게 된다. 그러면 점점 더 용지의 공간 전체를 이용하게 될 것이며, 당신의 마인드맵은 꾸준히 나아질 것이다.

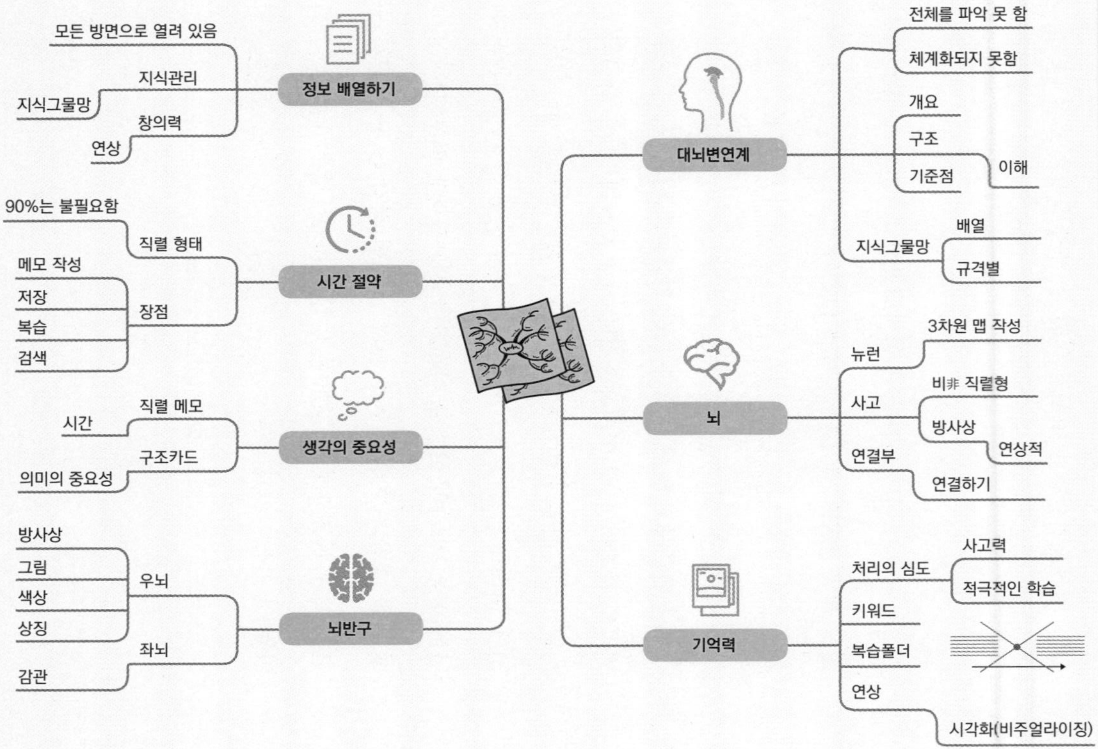

정보 배열하기
모든 방면으로 열려 있음
지식관리
지식그물망
창의력
연상
시간 절약
90%는 불필요함
직렬 형태
메모 작성
저장
복습
검색
장점
생각의 중요성
직렬 메모
시간
구조카드
의미의 중요성
뇌반구
방사상
그림
색상
상징
우뇌
좌뇌
감관
대뇌변연계
전체를 파악 못 함
체계화되지 못함
개요
구조
기준점
이해
지식그물망
배열
규격별
뇌
뉴런
3차원 맵 작성
사고
비非 직렬형
방사상
연상적
연결부
연결하기
기억력
처리의 심도
사고력
적극적인 학습
키워드
복습폴더
연상
시각화(비주얼라이징)

Lesson 04

실패하지 않는 마인드맵 보완법

다음 단계로 넘어가자. 키워드를 영속적으로 저장하기 전에 당신은 정보를 완벽히 이해했는지, 키워드가 직선적 내용 전체를 다시 떠오르게 해주는지 점검해야 한다.

작성한 마인드맵을 손에 들고 내용을 자신의 말로 표현해보라. 만약 당신이 시험을 위해 그룹 스터디를 하고 있다면, 교재의 각 단원을 참가자들에게 분배하고 서로 키워드를 이용해서 내용을 설명해주면 좋을 것이다.

직장에서도 이런 팀워크를 통해 시간을 상당히 절약할 수 있다. 각자가 한 단원씩 나누어서 정리하고 그것을 다른 사람들에게 말로 설명해주면 된다. 그러고 나면 각자가 아주 짧은 시간 내에 전체 내용을 끝마치는 것이 되고, 이제는 하나가 아니라 여러 개의 맵이 보이게 된다.

이렇게 텍스트를 다시 설명해보는 것을 통해 당신은 그 내용을 자기 것으로 습득하게 된다. 이렇게 하면 내용을 훨씬 잘 기억할 수 있다.

그 외에도 자신이 그 부분을 정말로 이해했는지도 점검할 수 있다. 어쩌면 이런저런 키워드를 보충해넣을 수도 있을 것이다. 마인드맵은 열린 구조이기 때문에 이렇게 하는 데 아무런 문제가 없다.

마지막으로, 처음에 텍스트에 대해 제기했던 모든 질문의 답을 얻었는지도 비교해볼 수 있다.

Lesson 05

구조읽기와 구조카드를 하나로 통합한다

이제부터 글을 읽으면서 동시에 텍스트의 구조를 파악하고 중요한 키워드를 찾아내는 법을 익혀보자. 이 훈련을 꾸준히 하면 글을 읽어가면서 마인드맵을 머릿속으로 그려볼 수 있는 능력도 갖추게 된다. 이것을 위해서는 강력한 시각적 학습통로가 필요하다.

1장에서 당신은 3-2-1 연습이 손쉽게 이루어지도록 훈련을 마쳤다. 초기에 겪은 문제점은 이 시점에는 이미 사라졌을 것이다. 이와 관련하여 아주 적절한 속담이 있다.

> "모든 것은 쉬워질 때까지는 어렵다."

올바른 훈련을 통해 이제는 더 빨리 그리고 더 잘 이해하면서 읽을 수 있게 되었다. 이제 학습사이클 2단계를 3-2-1 연습과 통합할 적절한 시점이 되었다.

구조카드를 이용한 구조읽기

지금부터 '3분 읽기'를 시도한 후에 기억을 더듬으며 머릿속으로 그 텍스트에 관한 마인드맵을 작성해보자. 마인드맵 작성은 2분 이상 넘어가면 안 된다. 구조와 중요한 사항을 간략히 요약하라. 물론 처음에는 힘이 들고, 어쩌면 한두 가지 키워드밖에 기입하지 못할 수도 있다. 그러나 몇 번 시도하고 나면 점차 잘될 것이다.

다음으로 '2분 읽기'를 시도하기 전에 자신이 작성한 마인드맵에 관해 잠깐 질문을 해보라. 다음에 읽을 때는 어떤 가지에 또 다른 키워드를 추가하고 싶은가? 어떤 부분에서 아직 중요한 항목이 빠져 있는가?

이런 식으로 하면 이 과정도 시간이 지남에 따라 읽을 때 당신의 몸에 배게 된다. 앞으로는 공부를 할 때 이 과정을 의식적으로 수행하지 않아도 당신의 뇌는 완전히 자동으로 질문할 것이며 적극적인 읽기 태도를 취할 것이다. 이것이 무의식적 능력으로 변한 것이다. 이와 똑같이 앞으로는 학습사이클의 모든 과정이 무의식적 능력으로 변할 것이다.

당신은 자신이 지금 현재 어떤 단계 혹은 과정에 와 있는지 계속해서 따져볼 필요가 있다. 각 단계는 시간이 지남에 따라 하나로 통합될 것이며, 학습사이클은 배후에서 작동한다. 당신은 자신의 모든 주의력을 학습자료로 돌릴 수 있다. 여러 학습 단계를 하나로 통합하고 이러한 무의식적 능력에 도달하는 것이 주요 목표다. 2분 읽기 시도에서 자신의 현재 읽기 속도를 넘어서서 읽고, 그 때문에 더 적게 이해한다 하더라도, 그 후에 자신의 마인드맵을 보충할 수 있다.

이제 다시 당신이 앞으로 1분 읽기 시도를 한 후에 보충하고 싶은 부분에 대해 질문을 해보라. 이 세 번째 시도에서는 자신의 읽기 능력보다 훨씬 빨리 읽으면서도, 추가 키워드를 텍스트에서 걸러내서 마인드맵에 채워넣을 수 있게 될 것이다. 이렇게 글을 읽어가는 동안 이미 마인드맵을 작성하는 방식으로 생각의 흐름에 함께 따라가는 능력을 단련하는 것이다.

당신의 뇌는 이 연습을 통해 매번 읽기 시도를 할 때마다 하나의 마인드맵이 작성되는 것에 익숙해진다. 글을 읽는 동안에 이미 이런 식으로 생각의 흐름에 함께 따라가는 것이 시작되기 때문에, 결국 다음 과정의 부담을 덜어주게 된다. 얼마 지나지 않아 글을 읽어가면서 마인드맵을 머릿속에 그려볼 수 있게 될 것이다.

이번에도 앞서 언급한 고속도로 효과가 가진 장점의 혜택을 받는다. 두 번째와 세 번째 읽기 시도에서 자신의 편안지대를 훨씬 멀리 벗어나야 했겠지만, 약간 연습을 한 후에는 평소대로 읽을 때 마인드맵을 작성하는 것이 갑자기 쉬워져서 깜짝 놀랄 것이다.

마침내 다음 3단계에서 당신은 이 연습을 이용해서 자신의 시각적 학습통로도 단련할 수 있는 방법을 배운다. 그렇게 되면 하나의 훈련으로 전체 학습사이클을 마친 셈이 된다. 늦어도 이 시점부터는 3단계도 앞의 두 단계와 하나로 통합될 것이다.

1단계에서 지금까지도 알려주지 않은 사항이 한 가지 있다. 바로 최고 난이도이면서 최고로 효과적인 훑어보기(스캐닝) 기법이다.

S자로 훑어보기

1분당 3,000단어까지 빠른 속도로 읽으면서도 내용을 완벽하게 이해한다면 어떨까? 물론 이렇게까지 하는 사람들은 흔히 볼 수 없는 특수한 경우에 해당한다. 그러나 대기록 분야에서 흔히 그렇듯이 이를 위해서는 엄청나게 힘든 훈련과 상당한 재능이 필요하다.

테니스를 치는 사람이라고 해서 누구나 윔블던대회에서 우승하는 것은 아니다. 읽기에서도 세계챔피언 대회가 벌어진다. 여기서 참가자 일부는 방금 언급했듯이 1분당 3,000단어 이상의 속도로 읽는다. 그리고 빨리 읽는 것만이 전부가 아니다. 손가락을 페이지 위로 재빨리 이동시키는 것은 누구나 할 수 있다.

읽기를 마친 후에는 아주 꼼꼼한 테스트가 이어지는데, 텍스트를 완벽하게 이해했을 때만 대답할 수 있다. 참가자들은 이 테스트에서 90퍼센트 이상의 정답률을 보인다. 과학자들은 이 테스트를 분당 약 200단어를 읽는 보통사람들에게도 시켜 보았다. 그들의 이해력은 보통 30~40퍼센트밖에 되지 않았다. 우리가 읽기 능력도 동시에 적절히 향상시키기만 한다면 이해력이 속도와 비례해서 높아진다는 점은 더 이상 새로운 사실이 아니다.

세계신기록 보유자 션 애덤Sean Adam은 높은 이해력을 보이면서도 분당 3,850단어까지 기록했다. 그가 어렸을 때 시력에 심각한 문제가 있었고, 오랜 기간을 시력을 회복하는 데 보냈다는 점에서 그의 이야기는 더욱 놀랍다. 그러나 오히려 그랬기 때문에 읽기 속도를 향상하는 계기가 된 것으로 보인다.

어떻게 이렇게 빨리 그리고 잘 이해하면서 읽을 수 있을까? 여기서는 시야 폭을 가로뿐 아니라 세로 방향으로도 활용할 수 있다는 사실을 고려해야 한다. 이것은 스포트라이트와 비교할 수 있다. 스포트라이트가 비추는 범위 내에서 우리는 페이지에 나오는 단어들을 선명하게 볼 수 있다.

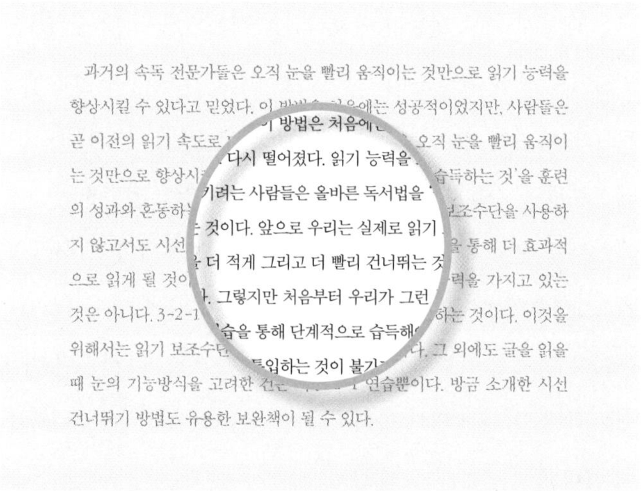

빠른 속도로 읽는 사람은 이 스포트라이트를 가능한 한 적게 흔들며 페이지 위로 지나간다. 그들은 텍스트 위를 S자 커브를 그리며 지나간다. 그들은 시간이 지남에 따라 여러 줄을 한꺼번에 읽을 수 있는 능력을 습득했다.

이 '예외적인 능력을 가진 사람들'이 각 의미단위를 뇌 속에서 다시 올바로 짜맞추려면 믿을 수 없을 정도로 강하게 발달한 사고력을 가지고 있어야 한다. 보통사람은 상상도 할 수 없는 일이다.

그 외에도 읽기 능력이 뛰어난 사람은 손을 역방향으로 흔드는 것도 읽기과정에 포함한다. 언뜻 보기에 '역방향으로 읽는

것'은 꽤 어려워 보이지만 실제로는 그렇지 않다. 단어가 아니라 의미단위를 받아들이고 나면 순서는 상관이 없기 때문이다. 뇌는 이 의미단위를 어차피 짜맞추어야만 한다. 이것은 오히려 저자가 이 의미단위를 어떤 순서로 한 문장 속에 넣느냐 하는 문체의 문제일 뿐이다.

대부분의 문장에서는 흔히 문장의 의미를 전해주는 동사가 마지막에 놓인다. 이 동사를 읽어야 비로소 문장 전체의 의미가 이해된다. 여기서는 '역방향으로 읽기'가 장점이 되기도 할 것이다.

역방향으로 흔들기를 포함함으로써 읽기 대가들은 두 배 정도 속도가 빨라진다. 이 사람들은 여러 줄을 동시에 읽는 것을 통해 속도를 몇 배로 더 높인다.

이런 식으로 해서 그토록 엄청난 읽기 속도가 생겨나는 것이다. 더구나 이들은 눈으로 선명하게 볼 수 있는 구역만 이용하는 것이 아니다. 망막의 중심 오목부 주위에는 단어를 흐릿하게 알아볼 수 있는 주변부도 있다. 우리가 아주 멀리서도 어떤 친구를 개별적인 특성 때문에 알아볼 수 있는 것과 똑같이 단어도 이런 식으로 인식할 수 있다.

모든 단어는 각각 다른 모양을 하고 있다. 눈은 학습활동을 수행하지 않고 정보를 뇌에 전달할 뿐이다. 따라서 뇌가 단어의 의미를 알기만 한다면 그 단어가 선명하게 보이는지 흐릿하게 보이는지 여부는 중요하지 않다. 물론 이런 독서법을 당신의 공부에 적용하라는 뜻은 아니다. 그러나 이 원리를 책을 훑어보고 전체 내용을 한눈에 파악하는 용도로 활용할 수는 있다.

우리는 퍼즐을 맞출 때처럼 틀을 짤 수 있다. 그러기 위해 이 대가들의 독서법을 훈련에 보충해 넣어야 한다. 여기에도 3-2-1 연습을 적용하라.

읽기 보조수단을 이용해서 처음에는 3분 동안 S자 형태로 페이지를 훑어 내려간다. 이때 순방향이든 역방향이든 훑어가면서 한꺼번에 세 줄씩 살펴보도록 하라. 다시 말해 역방향 흔들기도 포함하는 것이다. 당신이 3분 동안에 도달한 곳을 표시하고 나서 다시 처음으로 돌아간다.

이제 같은 텍스트를 2분 동안 훑어보라. 이렇게 하려면 시선이 한 번 움직일 때 더 많은 줄을 훑어내려가야 한다. 이번에도 정해진 곳까지 2분 내에 도달하는 것이 중요하다.

그다음으로 텍스트를 다시 한 번 1분 동안 훑어보라. 커브는 이제 더욱 커져야 할 것이다. 커브를 그리며 첫 번째 읽기를 할 때보다 세 배나 많은 줄을 받아들여야만 하기 때문이다.

여기서 아주 중요한 것은 읽기 시도를 마친 후에는 매번 마인드맵을 작성해보아야 한다는 점이다. 당신은 훑어보기를 하면서 세부사항까지 이해하지는 못할 것이다. 그렇지만 중요한 키워드들은 재빨리 알아볼 것이다.

이 연습을 통해 훈련하는 것이 바로 텍스트를 훑어보면서 중요한 키워드를 찾아내는 능력이다. 그러기 위해서는 이 연습을 마인드맵 작성과 결합시켜야 한다. 그래야 광범위한 텍스트를 한꺼번에 훑어보는 능력이 향상된다. 우뇌를 더 많이 개입시켜서 대뇌변연계에게 그토록 중요한 전체 구조 파악을 할 수 있도록 해주는 것이다.

당신의 눈은 점차 이 새로운 읽기 방식에 익숙해지고, 오로지 개별 단어만 응시하는 일은 이제 일어나지 않을 것이다. 이 연습을 당신의 훈련 계획안에 포함하라.

당신은 이제 3-2-1 연습의 두 가지 변형을 얻게 되었다. 이 두 가지를 번갈아 하라. 이 기법은 책의 중요한 부분을 찾아내는 데 매우 적합하다. 처음에는 비교적 큰 커브를 그리며 책을 훑어간다. 세부사항은 알지 못하겠지만, 약간의 연습을 하고 나면 각 단락이 대체적으로 무엇에 관한 내용인지는 알게 된다.

점점 더 흥미로운 대목이 나온다는 것을 깨닫게 되면 흔드는 폭을 좁혀라. 결정적으로 중요한 부분을 찾아내면 마침내 한 줄씩 읽는 것으로 넘어간다. 다시 덜 중요한 부분이 나오면 즉시 한 줄씩 읽기를 그만둔다. 당신이 흔드는 폭은 다시 점점 더 커지다가 마침내 다음 중요한 부분이 나오면 다시 좁아진다. 이것이 효과적으로 읽는 방법이다.

구조읽기 연습하기

이제 마지막으로 읽기 훈련에 관해 전체적으로 살펴보자. 이 훈련을 하려면 매일 최소 20분씩 계획을 잡아두어야 한다.

훈련 첫날에는 읽기 보조수단을 사용하는 습관을 들인다. 둘째 날에는 두 번째 단어에서 시작해서 마지막 앞 단어에서 중단하는 것으로 시야 폭을 넓히기 시작한다. 이제 당신은 3-2-1 연습을 위한 준비를 마쳤다. 이 연습을 아무런 어려움을 느끼지 못할 때까지 다음 닷새 동안 한다. 여러 번 연달아 하는 것이 가장 좋다. 훈련에 힘든 노력을 투입하고 나면 매번 당신의 읽기 속도와 이해력이 약간씩 높아진 것을 확인하게 될 것이다.

둘째 주에는 마인드맵 작성을 구조읽기에 포함해야 한다. 이제부터 3-2-1 연습을 이용해서 한 줄 단위로 읽기와 S자 커브로 훑어보기를 번갈아 훈련하라. 다음 3단계에서 이 연습을 할 때 시각적 통로를 집중적으로 포함하는 법을 배우게 된다. 이것이 따분해지면, 신문을 집어들고 연습하거나 읽고 있는 페이지를 시선 건너뛰기 연습을 위해 칸으로 나누도록 하라.

훈련을 마칠 때마다 현재 읽기 속도를 기록해두어야 한다. 그래야 읽기 능력이 점점 더 향상되는 것을 지켜볼 수 있다. 그리고 실력이 향상되지 않고 평탄면을 이룰 때는 학습곡선을 기억하라.

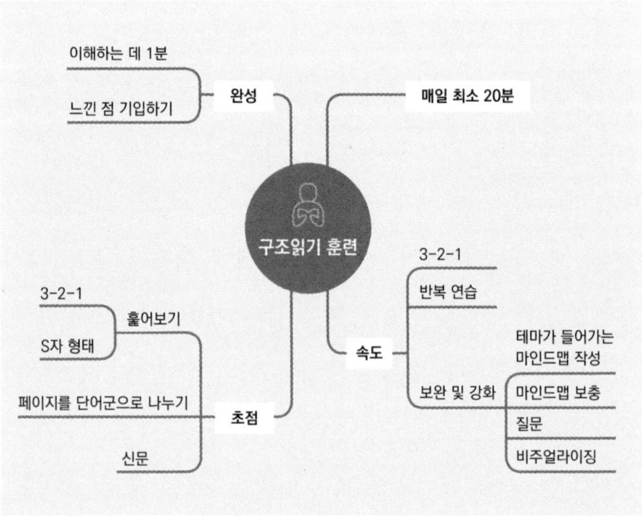

둘째 주가 지나면 더 잘 이해하면서도 읽기 속도가 최소 두 배 이상 향상된다. 아직 충분하지 않다면 다른 훈련을 통해 더 높일 수 있다. 그렇지만 이미 언급했듯이 공부를 할 때는 속도는 중요하지 않다. 구조읽기로 절약한 시간을 텍스트를 더 빨리 읽어나가는 데뿐 아니라 더욱 적극적으로 이해하는 데도 사용해야 한다. 학습사이클에 나오는 모든 기법을 공부에 적용하라.

Lesson 06

몰입과
스트레스 관리의 비밀

이제, 학습의욕 고취와 스트레스에 대해 간략히 설명하려고 한다. 이 분야도 학습 능력과 밀접한 관련이 있기 때문이다.

플로우 익히기

어떤 활동에 완전히 몰두하면 시간 감각을 까마득히 잃어버린 느낌이 들 때가 있다. 스포츠 활동이나 재미있는 일을 할 때는 이런 상태를 비교적 자주 경험한다. 이때는 모든 것이 성공할 것처럼 보인다.

플로우 현상

헝가리계 미국 과학자 미하이 칙센트미하이Mihaly Csikszentmihalyi는 이 특별한 상태가 어떤 특성을 지니며 이 상태에 처한 사람들의 공통분모가 무엇인지 알아보기 위해 연구에 착수했다. 수년에 걸쳐 힘들게 연구한 끝에 그는 이 현상을 설명할 수 있었고, 여기에 '플로우Flow'라는 명칭을 붙였다.

플로우란 모든 것이 '물 흐르듯 흘러가는' 그런 상태를 말한다. 플로우 현상은 우리가 일상적으로 반복되는 일을 할 때는 좀처럼 나타나지 않는다. 이때 우리는 자신의 능력 수준에 못 미친다고 여기며 따분한 감정을 느낀다. 결정적으로 중요한 요인 중의 하나는 도전이다. 그렇지만 진정한 도전은 자신의 능력과도 조화를 이루어야 한다. 우리의 능력 수준을 넘어서도 플로우 현상은 생기지 않기 때문이다. 이런 경우에 우리는 과중한 부담을 느끼고 스트레스를 받는다.

당신이 이제 막 서핑을 시작했고 안전한 만에서 초속 7미터 정도의 바람 세기에서 보드를 타고 있다고 가정해보자.

이때 바람의 세기는 정확히 당신의 능력에 일치하며 당신은 서핑에 재미를 느낀다. 당신은 플로우 항로에서 순항하고 있는 셈이다. 당신은 이제 기분이 들떠서 초속 14미터의 바람이 불고 있는 바다 한복판으로 나아간다. 이 상황은 당신에게 과중한 부담이 된다. 당신은 연거푸 물속에 빠지고 금세 기력이 소진되어 보드 앞부분을 계속 치켜올릴 힘도 없어진다.

당신은 보드를 타고 점점 더 멀리 바다 한가운데로 쓸려나가는 동안 이 도전이 자신의 능력에 비해 너무나 높았다는 사실을 분명 깨닫게 될 것이다. 파도는 점점 더 높아지고 금세 육지는 시야에서 완전히 사라진다. 그 결과 당신은 스트레스와 불안에 시달리다 급기야 공황상태에까지 이른다. 늦어도 상어 떼가 나타나 주위를 맴돌고 있을 때는….

반대로 당신이 이미 전문적인 윈드서퍼가 되었다면, 당신은 초속 7미터의 바람에서는 전혀 보드에 오르지 않고 해변에 계속 누워 있을 것이다. 도전이 자신의 능력에 훨씬 못 미치는 것이다. 당신은 자신의 능력 수준에 미달이라고 느끼고 따분해할 것이다.

칙센트미하이는 이 연관 관계를 알아낸 이후로 사람들이 도전과 능력이 조화를 이루는 한, 모든 활동을 플로우 상태로 만들 수 있다는 사실을 명확히 깨달았다. 그럴 때 우리는 이 활동에 100퍼센트 관심을 집중할 수 있으며, 딴생각으로 관심이 분산되지 않는다.

그러므로 공부를 할 때 우리의 학습 능력은 도전과 조화를 이루어야만 한다. 그러나 전통적인 공부법으로는 자료의 양도 많고 복잡해서 과중한 부담을 느낄 것이며 종종 스트레스를 받을 것이다. 그러니 효과적인 공부법을 통해 도전과 보조를 맞추어야 한다. 그러면 공부를 하는 데 하나의 체계적인 방법을 갖추기 때문에, 반드시 필요한 의욕도 고취된다.

이제부턴 우리가 공부한 내용 대부분을 벌써 다시 잊어버렸다는 사실을 절망적으로 확인하지 않아도 되기 때문에 공부가 잘된다. 이 동기부여는 내면에서부터 생겨난다. 우리는 이것을 내재적인 동기부여라고 부른다. 이미 언급했듯이 대뇌변연계는 이때 즐거움의 감정을 만들어낸다.

반면에 외부에서 주어지는 외면적 동기부여는 그리 효과적이지 않다. 가령, 우리는 어떻게 하면 당나귀를 움직이게 할 수 있을까? 당신은 당나귀의 코앞에 당근을 들이대거나 당나귀를 뒤에서 떠밀 것이다.

공부의 경우에 당근은 보상을 통한 동기부여를 뜻한다. 뒤에서 떠미는 것은 시간 압박과 실패에 대한 두려움이다. 우리는 적어도 시험 바로 전날에는 정말로 최선을 다해 공부한다는 사실을 잘 알고 있다. 사실 보상을 통한 자극이 더 기분이 좋다.

그렇지만 압박을 통한 동기부여가 더 위력적이다. 왜냐하면 우리의 뇌는 항상 즐거움을 얻기 위해서보다 괴로움을 피하기 위해 더 노력하기 때문이다. 이것은 통상적인 생존 메커니즘이다.

그렇지만 압박에 시달려 공부하는 것은 그리 효과적이지 않다. 변연계가 계속해서 방해가 되기 때문이다. 그 외에도 우리는 스트레스가 높아지면 생각하고 이해하는 능력이 더 떨어진다. 따라서 진정한 동기부여는 내면에서, 일 그 자체에서부터 생겨나야만 한다. 이렇게 되기 위해서는 자신의 학습 능력을 더욱 향상시켜야 한다. 그러면 당신은 다음 이야기에 나오는 벌목꾼처럼 괴로워하지 않을 것이다.

숲속을 지나가던 사람들이 한 남자를 만났는데, 그는 쓰러진 나무를 톱으로 열심히 자르고 있었다.

"지금 뭐 하고 있소?" 사람들이 물었다.

"보면 몰라요?" 벌목꾼은 화를 내며 대답했다. "이 나무를 자르고 있소."

"당신은 지쳐 보이는군요! 대체 얼마나 오래 톱질을 하고 있었던 거요?"

"이미 몇 시간이 지나 탈진 상태요!"

"몇 분 쉬면서 톱날을 갈지 그러시오?"

"톱날 갈 시간이 없소!" 벌목꾼은 버럭 소리를 질렀다. "톱질을 하느라 정신이 없단 말이오!"

앞에서 언급한 에이브러햄 링컨의 다음 인용문도 분명 이와 똑같은 의미가 될 것이다.

"나에게 나무를 베는 데 다섯 시간이 주어진다면, 나는 세 시간을 톱날을 가는 데 사용할 것이다."

우리도 마찬가지다. 하루하루의 업무에 파묻혀서 톱날을 갈 시간을 내지 않는다. 그러나 톱날을 가는 것은 아주 중요한 행위다. 공부에서 톱날을 간다는 건 새로운 공부법을 익히는 일이 될 것이다. 톱날을 갈자! 새로운 공부법을 익히면 부담을 덜 느끼고 자주 스트레스를 받지 않게 된다.

스트레스 영향권에서 벗어나기

스트레스에 대한 통상적인 정의는 다음과 같다.

스트레스란

- 과중한 부담이 되는 상황 때문에

– 아드레날린 분비와 더불어 나타나는

– 신체적 긴장 반응이다.

이 정의의 두 번째 부분을 살펴보자. 아드레날린이란 대체 무엇인가? 여기서도 우리의 생존 메커니즘을 중심으로 돌아간다. 아드레날린은 흔히 '전투 호르몬'이라고도 불린다. 심장 박동을 빠르게 하고 혈액 순환을 촉진해서 더 뛰어난 근육 반응을 유발하기 때문이다. 그 외에도 이것은 저장된 지방과 당분을 활발하게 투입한다. 위험 상황에서 우리 몸을 이렇게 활동적으로 만드는 것은 납득이 가는 일이다.

수만 년 전에 동굴 살았던 원시인의 다음과 같은 상황을 상상해보자. 원시인이 숲속을 돌아다니고 있는데 갑자기 덤불에서 호랑이가 튀어나온다. 이것은 쉽게 대처하기 힘든 상황이다. 자동으로 아드레날린이 분비된다. 이제 위에서 설명한 몸속의 대응과정을 통해 우리의 선조는 싸우거나 달아날 최상의 준비를 갖추게 된다.

그러나 오늘날 위험은 본질상 사나운 짐승들보다는 시험, 직장상사, 동료 등에게서 발생한다. 특히 공부를 할 때 아드레날린의 또 한 가지 기능이 심한 방해가 된다.

아드레날린은 뇌 속의 시냅스들을 차단한다. 뇌에서 정보가 흘러갈 때 중요한 전달물질이 더는 생성되지 않는 것이다. 말하자면 뇌세포들 사이의 의사소통이 중단되는 셈이다. 싸우거나 달아나는 반응에 있어 이것은 전적으로 합당하다. 원시인은 혹시 호랑이와 대화를 나누는 것이 소용이 있을지 일단 숙고해서는 안 된다. 그는 숙고하지 말고 싸우거나 달아나야 한다. 그래야만 살아남을 기회가 생기는 것이다.

그런데 공부에서는 이 메커니즘이 해가 된다. 아드레날린이 많이 분비될수록 생각하고 이해하는 능력은 더욱 떨어진다고 할 수 있다. 따라서 공부를 할 때 어떤 부분에서 이해가 불가능하다고 느낀다면 필사적으로 책상에 앉아 더욱 힘들여서 생각하는 것은 아무런 소용이 없다. 그렇게 하면 생각을 더욱 많이 차단할 뿐이고 따라서 이해력도 떨어진다.

반대로 자리에서 일어나 동네를 한 바퀴 달리면서 이 악순환에서 벗어나는 것이 더 효과적이다. 그 후에는 가벼워진 머리로 다시 그 문제에 매달릴 수 있다.

아드레날린의 또 다른 작용도 알아야 한다. 스트레스가 쌓일수록 주관적인 감각은 원래의 객관적인 상황과 점점 더 많은 편차를 보인다. 아직 사용할 수 있는 시간은 생각에 잠겨 점점 더 줄어들고, 처리해야 할 엄청난 자료들은 공상을 통해 점점 더 늘어난다. 이것 역시 우리의 생존 메커니즘에 의한 자연스러운 반응이다. 어떤 위험이 높아보일수록 우리는 그 위험에서 벗어나기 위해 더욱 열심히 노력할 것이다.

이것은 누구나 경험을 통해 잘 알고 있다. 교재를 공부하다가 대단히 어려운 부분이 나오면, 우리는 자신의 능력을 벗어난 것이기 때문에 감당하기 힘들다고 좌절하기도 한다. 그러나 하루가 지나고 머리가 맑아지면 그리 어려운 내용이 아니었다는 사실을 깨닫는다.

아드레날린 억제하기

그렇다면 어떻게 하면 아드레날린을 막을 수 있을까? 효과적인 공부를 위해서는 무엇보다 아드레날린을 억제하는 전략을 만들어내는 것이 중요하다. 한편으로 적은 양의 아드레날린만 생기도록 예방책을 세울 수도 있고, 다른 한편으로 생겨나는 아드레날린을 가능한 한 빨리 다시 해소하는 전략도 필요하다.

예방을 하기 위해서는 과중한 부담에서 벗어나려고 노력해야한다. 그러기 위해서는 자신의 능력을 높여야만 한다. 공부를 할 때 시간이 부족해 과중한 부담을 느끼는 경우가 있는데, 이럴 때는 올바른 시간관리로 대처할 수 있다.

또 동기부여라는 테마에 관해서도 몇 가지 사항이 설명된다. 다른 한편으로 내용이 어렵거나 복잡해 부담을 느낄 수도 있다. 이것을 막기 위한 몇 가지 기법들이 구조읽기와 구조카드로 이미 소개되었다.

한편, 더 효과적인 공부법을 이용하더라도 우리는 스트레스를 완전히 피할 수는 없다. 그렇다면 아드레날린을 다시 해소할 수 있는 수단들이 필요하다.

운동: 재미를 느끼며 몸을 움직여라

과거의 원시인은 싸움이 벌어지면 그것을 받아들이거나 아니면 아주 멀리 달아나버렸다. 이 두 경우에 아드레날린 농도는 그 후에 다시 정상 수준으로 돌아왔다. 그러나 우리가 학교나 직장생활에서 과중한 부담을 느낄 때 달아나거나 윗사람에게 달려드는 것은 도움이 되지 않는다.

오늘날에는 운동이 좋은 대안이 될 수 있다. 몸을 움직이면 아드레날린이 해소되기 때문이다. 그것이 조깅이든 수영 · 사이클 · 테니스 · 산책 혹은 사교춤이든 상관없다. 다만 중요한 것은 운동을 하면서 재미를 느껴야 한다는 점이다.

충분히 운동을 하는 사람은 지속적으로 아드레날린 농도가 더 낮게 유지된다는 사실도 과학자들이 확인했다. 운동을 통해 예방도 하고 더욱 균형을 유지할 수도 있다. 우리 선조들에게는 달아나거나 싸우는 것 외에 생존할 수 있는 또 하나의 가능성이 있었다. 몸을 숨기는 것이었다. 이들은 당시의 스트레스 환자들이었을 것이다. 숨는다고 아드레날린이 해소되지는 않기 때문이다.

긴장 완화 기법: 간단한 호흡도 도움이 된다

여러 가지 긴장 완화 기법 역시 아드레날린을 해소할 수 있는 가능성을 제공한다. 이러한 수법들은 비웃음을 사는 경우가 자주 있다. 여기에 대해 적절한 격언이 하나 있다.

> "당신은 자신이 잘 알지 못하는 일에 관해 비웃는 짓을 그만 두어야 한다. 그것은 멍청한 짓이다."

생물학자 비르코프Virchow가 직장동료에게 한 말이라고 전해진다. 인생에 있어 대부분이 그렇다. 더 '멍청한' 사람들 혹은 무지한 사람들일수록 더욱 쉽게 자신이 전혀 알지도 못하는 일에 관해 비웃는다.

시험을 볼 때 갑자기 어떤 내용이 정확히 기억나지 않을 수 있다. 심하면 아주 간단한 것도 떠오르지 않는다. 일종의 블랙

아웃(일시적 기억상실) 상태다. 그 정보는 나중에 다시 생각나기는 하지만, 아쉽게도 당신이 시험장을 떠날 때에야 비로소 떠오르는 경우가 대부분이다.

이 때문에 긴장 완화 연습을 충분히 해서 이러한 상황이 오면 가능한 한 1~2분 내에 생각할 수 있는 능력을 회복하는 것이 바람직하다. 그렇다 해도 특히 공부가 최상으로 진행되고 컨디션도 좋다고 느낄 때는 그런 것은 필요하지 않다고 믿어버린다. 공부가 그리 잘 되지 않을 때 이 연습을 하는 것도 좋을 것이다.

긴장 완화 기법은 공부가 아직 잘 진행되는 시점, 즉 좋은 컨디션일 때 습득하는 것이 좋다. 스트레스 증상이 나타나기 시작하면 그것을 익히기가 좀처럼 힘들기 때문이다. '자발훈련'이나 'PME(점진적 근육이완)' 같은 기존의 많은 긴장 완화 기법들은 오랜 숙달 기간이 필요하다. 적어도 몇 주 동안 매일 연습한 후에야 확실한 효과를 보게 된다.

그러나 내가 소개할 기법은 바로 응용할 수 있고 내 경험상 훨씬 더 효과적이다. 자신의 호흡에 정신을 집중하기만 하면 된다. 이렇게 하면 우리는 긴장을 빨리 그리고 충분히 완화할 수 있다.

먼저 눈을 감는다. 코로 숨을 들이쉬면서 마음속으로 천천히 넷까지 센다. 자신의 호흡을 잘 관찰하고 아랫배까지 깊이 숨을 들이쉬도록 유의하라. 스트레스를 받으면 우리는 짧게 숨을 쉬는 경향이 있는데 이것은 싸우고 달아나는 데는 효과적이다. 그렇지만 무엇보다 뇌에 전달되는 산소가 줄어들고, 그러면 당신은 충분히 생각할 수 없다. 숨을 들이쉰 후에는 잠시 멈추되, 필사적으로 숨을 참으려고 노력할 필요는 없다.

이제 입으로 숨을 내쉬면서 다시 천천히 넷까지 센다. 그 후에 잠깐 멈추고, 다시 코로 숨을 들이쉬면서 넷까지 센다. 긴장을 충분히 완화시킬수록 숨을 내쉬고 들이쉴 때 수를 더욱 천천히 세게 될 것이다.

이 연습을 2~3분 동안 계속하라. 숨을 내쉬고 들이쉬는 동안 마음속으로 멋진 해변으로 옮겨가서 일정한 리듬으로 파도가 오가는 것을 생생히 그려보면 좋다. 이로써 긴장을 더욱 충분히 완화하는 것 외에 연상을 통해 당신의 시각적 학습통로도 훈련하는 것이다. 앞으로 살펴보겠지만 이 통로는 저장하는 데 중요한 역할을 담당한다.

이 연습을 자주 할수록 긴장은 더욱 충분히 완화된다. 처음에는 이 호흡 자체에 정신을 집중할 것이다. 그러나 약간 연습을 하고 나면 이 호흡은 무의식적으로 가능해지고, 그 뒤로는 긴장 완화에만 집중할 수 있다. 그러면 당신은 차분한 감정으로 시험에 임할 수 있고 위급한 상황에서도 금세 다시 명확히 생각을 가다듬을 수 있다.

이 연습은 직장에서 스트레스를 받는 상황에도 언제든지 적용할 수 있다. 이런 연습을 규칙적으로 하는 사람이 지속적으로 아드레날린 농도도 더 낮게 유지된다는 사실이 확인되었다.

엔도르핀: 기분 좋은 상태를 유지하라

아드레날린을 해소하는 가장 기분 좋은 방법은 체내에서 생성되는 진통제를 이용하는 것이다. 이 물질을 엔도르핀이라고 부른다.

엔도르핀은 멋진 식사나 축제, 연극 보러 가기 등 우리를 즐겁게 해주는 모든 활동을 할 때 생성된다. 엔도르핀은 아드레날린을 중화시킨다. 그러니 가능한 한 자주 기분 좋게 지내도록 하라. 이것이 가장 좋은 스트레스 관리법이다.

3장

단단하게 유지한다

: 공부 달인으로 만들어주는 최강 복습법

학습사이클 3단계 : 기억법

뇌가 잘 처리할 수 있게 정보를 정리한 다음에는 저장을 해야 한다. 이 장에서는 어떻게 하면 습득한 정보와 지식을 잊어버리지 않고 계속해서 최고 수준으로 유지할 수 있을지 알아본다. 이 밖에도 공부할 때의 집중력과 시간 분배에 관해서도 살펴보사.

이해력은 이 3장의 기본 토대가 된다. 어떤 것을 이해하지 못했다면, 그것을 올바로 저장할 수도 없다. 제대로 이해하려면 정보에 구조를 부여해야만 한다. 1단계와 2단계에서 구조읽기와 구조카드를 상세히 다룬 이유가 이것이다.
공부를 할 때 이 두 가지를 염두에 두고 있다면 이미 최고의 이해력을 갖춘 셈이다. 우리는 흔히 "이해가 공부의 절반이다"라는 말을 한다. 그렇다면 나머지 절반은 무엇일까? 이제부터 그 절반을 살펴보자.

새로운 정보를 저장하기 위한 두 가지 중요한 기본 원칙 중 하나는 이미 1장에서 소개했다. 그것은 "어떤 것을 외우려면 그것을 이미 알고 있는 것과 연결시켜야 한다"는 것이다. 그렇게 하지 않으면 새로운 정보는 그냥 빠져나가버린다. 공부한 시간이 완전히 헛된 것이 된다.

1장에서 살펴본 지식그물망을 떠올려보라. 새로운 학습 자료를 배열시키고 지식그물망에 첫 번째 줄을 설치할 때 당신은 이미 새로운 정보를 그물망에 끼워넣고 기존의 것에 연결시켜놓았다. 이제 두 번째 원칙을 상세히 알아보자.

Lesson 01

공감각을 활용한 절대 기억법

우리는 종종 책을 펼쳐 두고 스스로 이렇게 반문한다.

"이것을 어떻게 다 머릿속에 집어넣지?"

방법은 있다. 우리는 이것을 위해 정확히 다섯 가지 수단을 가지고 있다. 바로 우리의 오감을 말한다. 학습자료를 머릿속에 간단히 넣을 수 있는 다른 수단은 없다. 책을 베개 밑에 넣고 자는 따위의 방법도 목에 통증을 느끼는 것 외에는 아무런 성과도 없을 것이다.

학계에서는 또 하나의 감각이 거론되고 있다. 우리는 이것을

'예감' 혹은 '직관'이라고 부른다. 동물은 이 감각이 더 뛰어나다. 자연재해가 일어날 것 같으면 그들은 미리 안전한 곳으로 옮겨간다. 아시아에서 쓰나미가 일어났을 때 파도가 밀려오기 한참 전에 이미 동물들은 내륙으로 대피했다.

우리는 새로운 정보를 오직 우리의 감각을 통해서만 받아들일 수 있다. 이것을 다섯 가지 학습통로라고도 한다.

먼저 표상을 받아들이거나 만들어낼 때 사용되는 시각적 학습통로(보기)가 있다. 청각적 통로(듣기)를 통해 우리는 강연의 내용을 받아들이고, 학습자료를 혼자 중얼거리거나 이미지에 소리를 추가할 수 있다. 촉각적 통로(느낌)을 통해 우리는 느낌, 움직임, 접촉을 지각할 수 있다. 모형을 만들거나 어떤 것을 직접 시험해볼 때도 이 학습통로를 투입한다. 마지막으로 우리는 냄새를 맡기 위한 후각적 통로와 맛을 보기 위한 미각적 통로도 가지고 있다.

이제 두 번째 중요한 기본 원칙을 다음과 같이 정리할 수 있다.

"당신이 어떤 것을 외우고 싶을 때는
언제나 가능한 한 다섯 가지 감각 모두를 투입해야 한다."

바로 이것이 공감각이라는 개념이다. 감각들을 서로 결합하고 하나로 통합하는 것이다. 이 기본 원칙을 더 자세히 살펴보기 전에 먼저 예를 하나 들어보자.

암기를 하려면 오감을 모두 투입하라

당신이 일곱 살짜리 아이에게 태양계 행성의 순서를 알려준다고 하자. 이 아이는 이 행성들의 이름을 이미 들은 적이 있다(명왕성은 2006년 이후 태양계 행성의 범주에 들지 않으나, 해설 편의상 포함했다).

태양 Sun	목성 Jupiter
수성 Mercury	토성 Saturn
금성 Venus	천왕성 Uranus
지구 Earth	해왕성 Neptune
화성 Mars	명왕성 Pluto

학교에서는 아이에게 행성들의 이름을 반복해서 암송하라고

요구할 것이다. 이 좌뇌 방식의 사고는 힘들고 재미가 있을 리 없다. 그러면 공부는 힘들고 짜증스러워진다.

반면에 당신은 아이에게 이야기를 하나 들려주고 가능한 한 모든 감각을 투입하도록 요구한다. 이 이야기를 먼저 스스로 검토해보라. 이야기를 눈앞에서 영화가 돌아가는 것처럼 음미하라. 표상을 만들어내도록 노력하라. 가능한 한 다른 감각도 투입해야 한다. 들리는 것이 있는가? 느끼고, 냄새 맡고, 맛볼 것이 있는가? 이제 시작해보자.

"당신은 정원에서 편안히 의자에 누워 햇빛(태양)을 즐기고 있다(자신이 꿈에 그리던 정원을 상상해보라). 등 뒤에서는 프레디 머큐리(수성)의 음악이 흐르고 있다. 어쩌면 당신은 퀸의 팬일지도 모르겠다. 갑자기 정원 문이 열리고 매력적인 여신 비너스(금성)가 걸어 들어온다.

그녀의 외모를 특별하게 꾸며보자. 어떤 옷을 입고 있는가? 어쩌면 아무것도 걸치지 않고 있을지도 모른다. 이 여신은 이제 당신에게 다가와 흙(지구)을 뿌린다. 당신은 화가 나서 의자에서 벌떡 일어나 마스(화성) 초콜릿 바를 집어들고 이 뻔뻔한 여신에게 돌진하려는데, 갑자기 땅이 흔들리며 거인이 한 명 등장한다.

그는 신 중의 신 주피터(목성)다. 당신은 두려움에 떨며 20미터나 되는 이 거인이 비너스를 보호하며 앞을 막아선 모습을 올려다본다. 그는 눈부신 하늘색 티셔츠를 입고 있는데, 거기에는 금색 글자로 SUN(토성Saturn, 천왕성Uranus, 해왕성Neptune의 첫 글자)이라고 적혀 있다. 당신을 도와주기 위해 급히 달려온, 월트디즈니 만화에 나오는 개 플루토(명왕성)가 그의 바짓가랑이에 으르렁거리며 매달려 있다."

어떤가? 영화의 한 장면이 연상되는가? 이러한 영화를 당신의 머릿속에서 돌아가게 하는 것이 힘들다면, 무작정 처음으로 돌아가서 다시 한 번 시도해보라. 가능한 한 많은 감각 인상을 투입하라. 앞으로 행성의 순서를 떠올려야 할 때가 오면 이 이야기를 진행시키기만 하면 된다.

당신은 생각에 잠겨 자신의 정원에 누워 햇볕을 쬐고 있다. 그다음으로 금성을 떠올리게 해주는 프레디 머큐리의 음악을 기억해낼 것이다. 그리고 당신의 정원으로 들어서는 비너스…….

이런 식으로 당신은 행성들을 올바른 순서대로 불러올 수 있다. 각 행성에 대해 저마다 다른 모습들을 연상할 수도 있을 것이다. 어쩌면 당신은 미국 자동차 상표 '머큐리'를 알고 있어서

커다란 차가 당신의 정원 문을 부수고 들어와 여신이 그 차에서 내리는 장면을 상상할지도 모른다. 아니면 뮌헨의 일간지《메르쿠어(머큐리)》를 알고 있다면 이 일간지를 들고 의자에 누워 있는 자신의 모습과, 비너스가 나타나 그 신문 위로 흙을 뿌리는 장면을 그릴 수도 있다.

누구나 자기만의 이야기로 재미있게 꾸밀 수 있다. 이야기 속에서 플루토를 아주 작게 만들어서 아이에게 명왕성이 가장 작은 행성이라는 사실을 생생하게 설명해줄 수도 있고, 화성은 붉은색 행성이니까 '마스' 초콜릿 바의 포장지에 적힌 빨간 글자를 그려볼 수도 있다. 이런 식으로 각 행성에 많은 세부사항을 추가할 수 있다.

아주 어린 아이에게도 이렇게 재미있는 방식으로 여러 가지 유용한 지식을 힘들이지 않고 가르쳐줄 수 있다. 그렇게 하지 않으면 아이들은 계속해서 잊어버리게 된다. 그러나 아는 것보다 더 중요한 것은 공부가 갑자기 재미있어진다는 사실이다.

감각통로를 최대한 많이 결합하라

사람의 기억력에 관해 조사한 연구 자료에 따르면 우리는 읽은

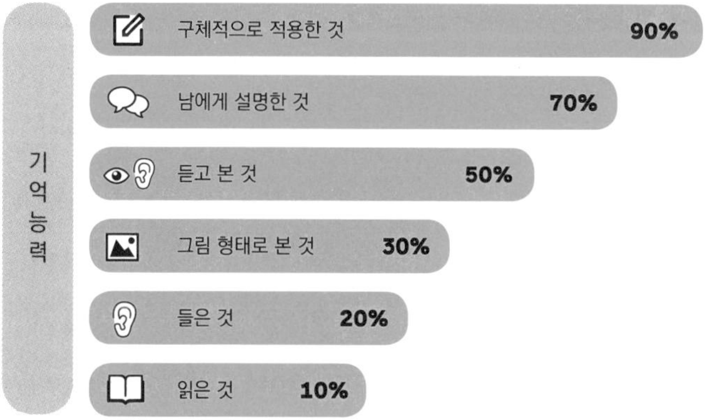

것을 10퍼센트 기억한다. 들은 것은 20퍼센트를 기억하고, 그림 형태로 본 것은 30퍼센트, 듣고 본 것은 50퍼센트, 그것을 남에게 설명한 것은 70퍼센트, 구체적으로 적용한 것은 90퍼센트를 기억한다고 되어 있다.

여기서 수치가 정확한지를 놓고 논쟁하는 건 의미가 없다. 그 뒤에 숨은 원리에 주목해야 한다. 우리는 더 많은 감각통로을 결합할수록 더 많이 기억한다. 뇌에서 시각적 지각은 청각적 지각과는 다른 부위에 저장되고, 촉각적 지각은 또 다른 부위에 저장되기 때문이다. 후각적 자극과 미각적 자극 역시 똑같다. 정보가 여러 감각을 이용해서 인식되면, 이 정보는 따라서 뇌 속의 여러 부위에 동시에 저장된다. 이렇게 해놓으면 정보를 불러올 때도 한결 더 쉬워진다.

뇌 속에 있는 서로 다른 부위들은 시선 위치를 통해 특정해서 활성화할 수 있다. 1970년대에 대대적으로 행해진 한 설문조사에서 과학자들은 이러한 사실을 알게 되었다. 예를 들어 사람들에게 자신의 소파가 어떻게 생겼는지 물어보면, 거의 모든 사람이 잠깐 왼쪽 위를 쳐다보았다. 이러한 눈의 위치로 사람들은 저장된 형상들, 즉 시각적 정보에 가장 효과적으로 접근할 수 있기 때문이다. 많은 경우에 우리는 눈의 이러한 빠른 움직임을 전혀 의식하지도 못한다.

반면에 이 소파가 빨간색 점이 박힌 초록색이 되면 어떻게 보일지 물어보았더니 거의 대부분의 사람들이 오른쪽 위를 쳐다보았다. 이렇게 해서 저장된 표상들을 창의적으로 바꾸는 뇌 부위들이 활성화된다. 그렇지만 이 질문에 왼쪽 위를 쳐다보는 사람이 있다면, 그 사람의 집에는 아마 그런 모습의 소파가 이미 있을 것이다.

어떤 친구의 목소리를 떠올려보라고 요청하자 시선은 왼쪽 귀 높이에서 옆으로 향했다. 이 위치에서 저장된 청각 정보를 쉽게 다시 불러올 수 있는 것이다. 이 친구가 미키마우스 목소리를 낸다고 상상해보라고 요구하자 시선은 오른쪽 옆으로 돌아갔다. 이 시선 방향에서 청각적 기억을 창의적으로 바꾸는 것이 쉬워진다. 반면에 마음속으로 대화를 하거나 전화로 대화를 할 때는 시선이 왼쪽 아래로 향한다.

실험대상자들에게 특정한 느낌에 대한 질문을 하면 시선은 오른쪽 아래로 향했다. 이 위치에서 사람들은 자신의 촉각적 통로에 가장 쉽게 접근하는 것이다. 우리가 공부를 할 때 불편한 감정에서 벗어나지 못하고 있거나 어떤 문제 때문에 골머리를 앓고 있을 때는 머리도 숙이는 경향이 있다. 그럴 때는 머리를 숙이기가 훨씬 더 쉽기 때문이다. 마음속으로 편안한 모습을 떠올리는 것과 동시에 시선을 위로 향하면 이 악순환에서 금세 벗어날 수 있을 것이다.

당신이 선호하는 학습통로는 따로 있다

공부를 할 때 사람들은 저마다 선호하는 통로가 있다. 당신이 새로운 정보를 받아들일 때 어떤 학습통로를 선호하느냐에 따라 시각적, 청각적 혹은 촉각적 학습유형으로 불린다. 후각 또는 미각을 통해 의식적으로 학습이 이루어지는 일은 별로 없다.

어떤 사람의 말을 정확히 들어보는 것으로 우리가 그가 어떤 통로를 선호하는지 알아낼 수 있다. 정보를 받아들일 때뿐 아니라 내보낼 때도 선호하는 통로가 이용되기 때문이다.

예를 들어 시각적 유형은 자주 이렇게 말할 것이다.

"나는 잘 그려보고 있어."

"그것 멋지게 보이는군."

"이제 그게 명확히 떠올랐어."

한편, 청각적 소질을 가진 유형은 이렇게 말한다.

"멋진 느낌이야."

"그렇게 하는 게 기분이 좋겠어."

"느낌이 좋아."

특히 누군가가 과거의 상황이나 경험을 설명할 때 우리는 그가 하는 말만 들어도 선호하는 통로를 알아낼 수 있다.

사람들은 의사소통을 할 때 대부분 모든 감각통로를 사용하기는 하지만, 특별히 선호하는 어떤 특정한 통로가 있다. 이다음에 텔레비전 토크쇼에 출연한 초대 손님들의 눈의 움직임을 한번 잘 살펴보기 바란다. 그들의 의사소통이 눈의 움직임에 해당하는 통로와 일치한다는 것을 확인하게 될 것이다.

만약 당신이 시각적 학습유형이라면 읽는 것을 좋아할 것이다. 내용을 이해하기 위해 당신은 사진, 그림, 도표를 관찰한다. 당신은 멋지고 잘 정리되고 조용한 학습 환경을 선호하며, 글로 된 자료를 가지고 공부한다.

시각적 학습유형인 당신은 받아적는 것을 좋아하며 보는 것과 예증하는 것을 통해 정보를 받아들인다. 자신이 직접 보고 읽은 내용을 가장 쉽게 떠올리게 된다. 시각적으로 무질서하면 당신의 관심은 분산된다. 학습 보조수단으로는 책, 스케치, 그림, 차트, 비디오, 학습카드를 이용한다.

당신이 청각적 학습유형이라면, 학습자료를 듣는 것이 가장 효과적인 공부가 될 것이다. 학습자료를 말로 설명하는 것이 당신에게는 대단히 중요하다. 키워드를 큰 소리로 중얼거릴 때 정보를 가장 효과적으로 저장한다.

당신은 외우는 능력이 아주 뛰어나며 말로 하는 과제가 적성에 딱 맞는다. 필기시험을 볼 때 순서가 당신이 공부했던 것과 다르면 혼동을 일으킬 수 있다(구조카드를 이용하면 이것을 피할 수 있다). 공부를 할 때 주변에서 소음이 나면 당신은 금세 방해가 된다는 느낌을 받는다. 학습 보조수단으로는 학습용 카세트, 대화, 토론, 스터디 그룹, 강연을 이용한다.

촉각적 학습유형인 경우 당신에게는 진행 순서를 몸소 실행하고, 이렇게 해서 생생하게 체험하는 것이 중요하다. 당신은 학습 과정에 직접 참여하고 독자적인 경험들을 모으기를 원한다. 당신에게는 '행동을 통한 학습'이 적절하다. 당신은 책상 앞에 오래 앉아 있기가 힘들다. 움직이면서 하는 공부가 가장 효과적이다. 학습 보조수단으로는 동작, 흉내 내기, 역할놀이를 이용한다.

당신이 어떤 학습유형인지 모르겠다면, 다음 질문에 답해보는 것이 문제를 해결하는 데 도움이 된다. 각 항목마다 자신에게 해당된다고 즉각적으로 떠오르는 답에 표시하라.

학습유형 테스트

1, 당신은 학교에서 어떤 과목을 더 좋아했는가?

A. 미술

B. 음악

C. 체육

2. 당신은 최근의 휴가를 생각할 때 무엇이 가장 먼저 떠오르는가?

A. 주변의 모습들

B. 목소리와 소음들

C. 자신이 느꼈던 기분

3. 사람들을 만날 때 당신에게 특별히 두드러져 보이는 점은?

A. 그들의 외모와 옷차림

B. 그들의 목소리와 말한 내용

C. 그들의 동작

4. 새 옷장을 조립할 때 당신은 어떤 식으로 하는가?

A. 스케치와 사진에 관심을 집중한다.

B. 설명서의 지시사항에 관심을 집중한다.

C. 옷장이 맞춰질 때까지 시도해본다.

5. 어떤 것을 이용해서 공부하는 것을 가장 좋아하는가?

A. 책과 그림

B. 강의와 스터디그룹

C. 시험해보기와 역할놀이

6. 당신이 여가시간에 가장 즐기는 것은?

A. 텔레비전 / 영화 / 연극

B. 음악 / 콘서트

C. 스포츠 / 손으로 만들기

7. 당신의 이상적인 공부 장소는 어떠해야 하는가?

A. 정돈이 되어 있어야 한다.

B. 조용해야 한다.

C. 움직일 공간이 있어야 한다.

8. 당신은 어려운 외국어 단어의 철자법을 어떻게 기억해내는가?

A. 단어가 적혀 있는 모습을 상상한다.

B. 그 단어의 스펠링을 소리 내어 말해본다.

C. 그 단어를 적어놓고 느낌에 따라 판단한다.

9. 낯선 도시에 갔을 때 어떻게 방향을 찾는가?

A. 지도를 본다.

B. 길에 관한 설명을 듣는다.

C. 자신의 느낌을 믿는다.

10. 당신은 어떤 표현을 선택할 것인가?

A. 그것은 멋지게 보인다.

B. 그것은 멋지게 들린다.

C. 그것은 멋진 느낌이 든다.

11. 당신은 친구에게 자신이 읽고 있는 소설의 주인공을 어떤 식으로 설명하는가?

A. 외모

B. 대사

C. 행동

12. 당신이 좋아하는 배우의 어떤 점이 가장 마음에 드는가?

A. 표정

B. 목소리

C. 몸동작

13. 당신은 어떤 게임을 가장 좋아하는가?

A. 십자말 풀이

B. 사고력을 요구하는 문제

C. 퍼즐

14. 당신은 어떤 곳을 더 좋아하는가?

A. 사람들을 관찰할 수 있는 장소

B. 대화를 들을 수 있는 장소

C. 활동할 수 있는 장소

15. 당신은 레스토랑을 고를 때 어떤 점이 특히 중요한가?

A. 시설

B. 음악 소리

C. 분위기

A형 대답이 압도적으로 많다면 당신은 시각적 통로를 선호한다. B형 대답은 청각적 통로, C형 대답은 촉각적 통로를 대표한다. 어쩌면 당신은 이제 공부를 하는 데 있어 자신의 장점이 되는 통로에 집중하는 것이 효과적일 것이라고 생각할지도 모른다.

시각적 학습유형은 책과 그림을 통해 정보에 접근할 것이다. 청각적 유형은 주로 강의를 통해 지식을 습득하거나 서로 학습자료를 설명해주는 스터디 그룹을 만들 것이다. 다음으로 촉각적 학습유형은 주로 동작을 통해 배울 것이며 모든 것을 시험해보는 것을 가장 좋아할 것이다.

그러나 우리가 살펴보았듯이 가능한 한 모든 감각을 공부에 포함시키는 것이 결정적으로 중요하다. 특히 '더 약한' 통로를 단련시켜야 한다. 그렇게 해야 가장 큰 성과를 올릴 수 있다.

이것은 비단 공부에만 국한되는 것은 아니다. 당신이 팀을 이룰 수 있는 능력도 부분적으로는 각각의 통로들이 얼마나 잘 형성되어 있느냐에 따라 좌우된다. 당신이 여러 통로에서 뛰어난 능력을 지니고 있다면 또한 정보를 여러 통로로 내보내고 받아들일 수 있으며, 그렇게 해서 다른 사람들과의 의사소통도 더 나아질 수 있다.

배우자 관계에서도 마찬가지다. 예를 들어 한쪽이 시각적 유형이고 다른 쪽이 청각적 유형이라면, 그들은 서로 말이 잘 통하지 않을 것이다. 그러나 집중력도 이 다섯 가지 감각에 결정적으로 영향을 받는다.

공부에만 집중할 수 없을까?

무엇을 실행하지 않고 미루는 데는 사람들은 언제나 매우 창의적이고 독창적이다.

어떻게 하면 집중력을 공부로 돌릴 수 있을까? 학교에서 흔히 듣는 '제발 정신 좀 집중해'라는 말은 분명 아무런 도움이 되지 않았다. 사람들은 누구나 기본적으로 집중력이 없다. 만약 당신이 잔디밭에 누워 있다면, 당신의 생각은 연상적으로 이리저리 옮겨다닐 것이다. 정신을 집중하고 싶다면 생각을 한곳으로 모아야만 한다. 종이를 무작정 햇빛에 비춘다고 해서 불이 붙지는 않을 것이다. 돋보기로 햇빛을 한 지점으로 모아야 한다. 달이 아니라 태양이 떠 있다는 것은 공부에서는 의욕의 문제다. 그러므로 자신의 주의력을 한 곳으로 모을 수 있고 관심을 분산시키지 않는 것이 관건이다.

무엇을 통해 관심이 분산되는가? 오로지 감각을 통해서 분산된다. 한편으로는 외부로부터 오는 감각적 인상 때문이다. 움직임에 의한 관심의 분산은 이미 언급했다. 소음, 더위, 추위, 냄새도 마찬가지로 방해가 될 수 있다. 다른 한편으로 우리는 감각을 '내면적'으로도 투입하며, 이러한 내면으로부터의 방해는 대부분 훨씬 더 다스리기 힘들다. 예를 들어 우리는 하루 종일 지난 휴가나 축제 때의 모습을 그려보거나, 공부를 할 때 끊임없이 다음과 같은 말을 중얼거리게 된다.

"이건 아무도 외울 수 없어."

"따른 사람들은 더 쉽게 배울 수 있을 거야."

"이것은 절대로 불가능해."

아니면 당신은 어떤 감정에 몰두한다. 이것도 집중력에 해가 되는 것은 자명하다. 더구나 당신은 공부를 중단하고 난 후에는 매번 자신이 그만둔 곳에서 시작해서 무작정 앞으로 나아갈 수는 없다. 새로 적응할 시간이 필요한 것이다.

이런 일이 아주 자주 일어나면 당신의 집중력 곡선은 톱날과 비슷한 모양이 된다. 이 때문에 학습심리학에서 이것을 '톱날 효과'라고도 부른다. 당신은 자동차를 계속 5단으로 가속해

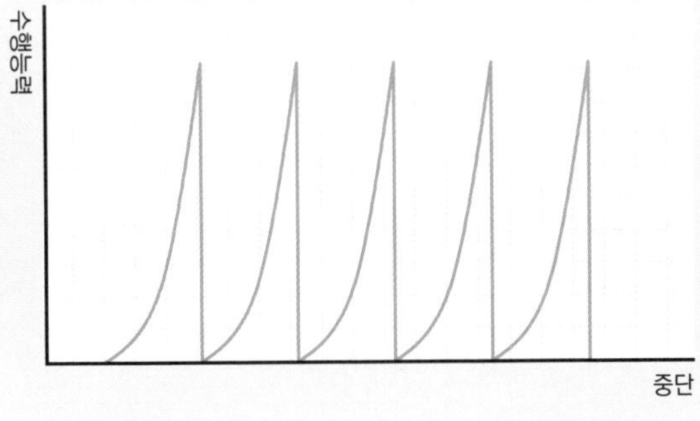

서 몰다가 그 후에 갑자기 속도를 줄였다가 다시 가속하지는 않을 것이다. 그러면 아주 많은 연료가 소모될 것이다. 공부를 하는 데도 당신은 언젠가는 고갈되어 버리는 일종의 에너지를 가지고 있다.

톱날 효과를 피하고 집중력을 올리려면

어떻게 하면 이 톱날 효과를 피할 수 있을까? 공부만 할 수 있는 장소가 따로 있다면 도움이 된다. 이 장소에 앉을 때는 매번 앞으로 자동으로 공부로 전환하게 될 것이다. 그렇지만 이 자리에서 다른 일들을 많이 처리할수록 효과는 줄어든다. 뭐니 뭐니 해도 집중력을 위한 최상의 방법은 감각을 단련시키는 것이다. 만약 감각을 잘 다스리고 있다면 주의력을 학습 자료로 돌릴 수 있고, 다른 감각적 인상을 통해 (외부에서든 내면에서든 상관없이) 관심이 분산되지 않기 때문이다.

이 감각훈련으로 넘어가기 전에 먼저 내가 고안한 집중력 향상 공식을 소개한다. 이 공식 속에 집중력에 영향을 미치는 가장 중요한 특성이 다 들어 있다. 이 요소들을 모두 갖춘다면 당신의 의식도 맑아질 것이다.

'정신자세'에 관해서는 이미 여러 번 언급했다. 당신이 공부에 소질이 없다고 계속 믿으면, 금세 그렇게 될 것이다. 내면에

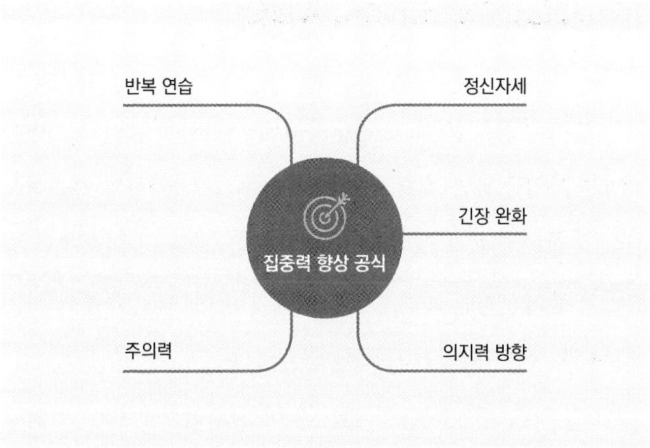

서 발생하는 이러한 방해에 주의하기 바란다. 이러한 방해는 당신이 공부를 할 때 스트레스 영향권에서 벗어나면 줄어든다. 그러려면 '긴장과 완화' 사이의 균형에 유의해야 한다. '의지력 방향'이란 의욕 고취를 말한다. 대뇌변연계를 자기편으로 끌어들이도록 하라('시간관리'에서 더 많이 다룰 것이다).

그러나 가장 중요한 것은 오감을 통해 '주의력'을 통제할 수 있어야 한다는 사실이다. 그러니 이것을 감각훈련을 통해 무의식적 능력의 단계에 도달할 때까지 '반복 연습'해야 한다.

기억력과 집중력을 키우는 감각훈련

어떤 능력을 습득할 때 그것이 마침내 무의식적 능력으로 변하기까지 거치는 네 단계를 기억하고 있는가? 기억력과 집중력에서도 특정한 연습을 통해 자신의 수준을 점점 더 의식적인 능력에서 무의식적인 능력으로 옮기게 된다. 그리고 공부를 하는 데는 바로 이 무의식적 능력이 중요하다.

우리는 기억술을 이용할 필요 없이 선천적으로 좋은 기억력을 타고 나기를 원한다. 그리고 정보를 기억하기 위해 의식적으로 이야기를 만들어내지 않고서도 손쉽게 기억하기를 원한다. 이것은 더 정확히 말해 시간을 낭비하지 않고 이면에서 작동해야 한다. 그러기 위해서는 올바른 훈련을 통해 몇 번의 평탄면을 뛰어넘어야 한다. 그러나 책을 단지 읽기만 하고 그 후에는 책장에 꽂아두는 일이 없도록 하기 위해서는 몇 가지 자기규율이 필요하다.

자기규율이란 무엇인가? 미국 심리학자 스티븐 보디언Stephan Bodian은 자기규율이 '어떤 것을 꾸준히 계속하는 능력'이라고 했다. 그는 자기규율을 다음과 같은 세 요소로 구분한다. 각오, 일관성, 자제력이다.

당신은 먼저 학습 능력을 향상시키겠다는 각오를 해야 한다.

그러기 위해서는 적절한 의욕 고취가 필요하다. 그리고 의욕 고취를 위해서는 또 자신이 어떤 장점을 얻을 수 있는지도 정확히 알아야 한다. 그래서 나는 2장 첫머리에서 마인드맵 작성의 장점에 관해 상세히 설명했다.

다음으로, 일관성이 있어야 한다. 매일 필요한 훈련을 통해 수준을 계속 무의식적 능력 쪽으로 옮겨야 한다. 이것은 처음에만 힘들게 여겨질 뿐이다.

보디언은 자제력을 '내면에서 떠오르는 모든 자극이나 소망에 다 따르지는 않겠다는 강인한 정신력'으로 여긴다. 어떤 능력이 마침내 무의식적 능력으로 변하고 나면 당신은 일생 동안 거기서 즐거움을 얻을 수 있다.

기억술을 타고난 사람들

세상에는 늘 어떤 무의식적 능력을 선천적으로 가지고 태어난 것처럼 보이는 사람들이 있다. 이 사람들은 앞의 단계들을 본능적으로 거쳤고, 그 때문에 자신이 어떻게 그런 무의식적 능력을 습득했는지 명확히 설명하지 못한다.

러시아 사람 셰레셰프스키Shereshevskii에 관한 이야기를 들어 보았는가? 그에 관해서는 알렉산드르 루리야의 《모든 것을 기억하는 남자》라는 책에 잘 나와 있다. 셰레셰프스키는 한 번 들거나 읽은 적이 있는 것은 모두 기억했다. 그는 자신이 들었던 모든 강연을 말 한 마디 한 마디의 뉘앙스까지 세밀하게 기억해낼 수 있었다.

셰레셰프스키는 오랫동안 온갖 방식으로 조사를 받았다. 과학자들은 그의 뇌가 틀림없이 더 크거나 모양이 변형되었을 것이라고 여겼기 때문이다. 그들은 결국 신체기관의 특이성은 나타나지 않았다는 사실을 인정해야만 했다. 셰레셰프스키의 뇌는 다른 사람과 다를 바 없었다.

당시에 러시아의 유명한 심리학자이자 기억력 전문가였던 알렉산드르 루리야는 셰레셰프스키가 결코 비정상이 아니었으며, 실제로 완벽한 기억력을 가지고 있었다는 사실을 인정했다. 더불어 그가 아주 어린 시절에 기억술의 근본 원리를 깨달았으며, 이것이 그의 통상적인 기억 활동의 일부로 변했다는 점도 밝혀냈다. 차이점은 오로지 셰레셰프스키가 자신의 뇌를 이용하는 방식뿐이다. 여기에 관해 알렉산드르 루리야는 자신의 책에서 다음과 같이 설명하고 있다.

> “모든 단어는 그의 머릿속에서 그림 형상을 불러오는 효과를 가지고 있었다. 그가 대부분의 사람들과 차이를 보이는 점은 그의 표상들이 다른 사람들의 표상들보다 비교할 수 없을 정

도로 더 생생하고 더 오래간다는 사실이었다. 게다가 그의 표상들은 늘 공감각적 요인들과 결합되어 있었다."

셰레셰프스키는 읽거나 듣는 동안 중요한 키워드에 대해 명확한 표상을 눈앞에 떠올릴 뿐 아니라 다른 모든 감각도 투입했다.

토니 부잔은 위대한 기억술을 가진 또 다른 사람들에 관해 보고한다. 예를 들면 안토니오 드 마르코 마글리아베치가 있다. 그는 책을 전부 읽고 난 뒤 모든 단어뿐 아니라 쉼표까지도 외워서 다시 설명할 수 있는 능력이 있었다. 그는 마지막에는 토스카나 대공의 소장도서 전체를 외웠다고 한다.

19세기에 나온 이야기로, 미국의 대니얼 매카트니라는 사람은 54세가 되어서도 아주 어린 시절부터 시작해서 살아온 날에 관해 매우 정확하게 말해줄 수 있었다고 한다. 그는 날마다 자신이 아침, 점심, 저녁 식사로 무엇을 먹었는지, 그리고 날씨가 어땠는지 전부 알고 있었다.

이 사람들 모두 뇌는 정상인과 다를 바 없었다. 그러나 이들은 아주 어린 시절에 기억술의 근본 원리를 깨우쳤다고 부잔은 설명한다.

우리는 독서법을 다루면서 이러한 예외적인 인물에 관해 언급한 적이 있다. 만약 당신이 이러한 예외적인 인물에 속하지 않는다면, 기억력을 단계적으로 높이기 위해 노력하는 것이 중요하다. 그리고 우리의 목적은 소장도서 전체를 외우는 것이 아니라 공부를 더 쉽게, 더 잘하는 것이다.

당신 주변에도 틀림없이 자신보다 더 뛰어난 기억력을 타고났다고 생각되는 사람들이 있을 것이다. 이것이 사실이라면 이 사람들은 이미 자신의 수준을 무의식적 능력 쪽으로 훨씬 많이 옮겨놓았을 것이다. 이들은 공부를 할 때 자신도 의식하지 못하는 사이에 자신의 오감을 더 효과적으로 투입한다. 그러나 서문에서 언급했듯이 약간 연습만 하면 우리도 금세 따라잡게 된다. 그렇다면 이 연습은 어떤 것인가?

기억 훈련 1: 폭포수 연습

폭포수 연습이란 감각들을 처음에는 하나씩 훈련하고 그 후에 서로 결합시키는 것을 말한다.

폭포수 연습은 또한 최고의 집중력 훈련이기도 하다. 앞에서 이미 지적했듯이 기억력과 집중력은 서로 밀접하게 연관되어 있다. 또한 이 연습을 통해 긴장도 아주 쉽게 완화시킬 수 있다. 이 때문에 당신은 이 연습을 별 어려움 없이 공부를 하는 데 보충해 넣을 수 있다. 약간 피곤하고, 등이 뻐근하고, 머리가 좀 무겁다고 느낄 때면 언제든지 몸을 뒤로 기대고 중간에 2분 동안 이 연습을 하라.

공부를 하다가 정말로 피곤해지거나 등이 결리고 머리가 욱신거린다면 몸에 귀 기울이지 않았다는 뜻이다. 당신은 언제까지나 공부하기에 좋은 상태에 놓여 있지는 못할 것이다. 그러니 상태가 그토록 심해지지 않도록 최초의 징후에 주의를 기울여야 한다. 중간에 이 연습을 끼워 넣고 나면 그 후로는 매번 훨씬 더 맑고 활기찬 기분으로 공부를 계속할 수 있다. 그러니 이 기억력 연습을 할 시간이 없다고 잘못 믿어버려서는 안 된다. 긴장 완화를 통해 당신은 학습 능력을 유지하고, 그렇게 해서 시간도 절약하기 때문이다.

당신이 멋진 열대 휴양지의 폭포수 아래에 서 있다고 상상하라. 처음에는 약 2분 동안 오직 시각적 통로만 투입하는 것이 중요하다. 다시 말해 모습만 그려보는 것이다.

폭포수 아래에 서 있는 동안 당신은 무엇을 보는가? 나머지 모든 감각적 인상을 일단 지워버려야 한다. 처음에는 쉽지 않을 것이다. 다른 감각도 끼어들 것이며, 경우에 따라 다른 생각도 몰려들 것이다. 당신은 이 연습에서 자신의 현재의 기억력과 집중력이 어떤 상태에 있는지 잘 알 수 있다. 이 가상의 폭포수 아래서 당신은 얼마나 오래 오직 모습들만 볼 수 있는가? 지금 시험해보기 바란다.

약 2분 후에는 다시 자신의 학습 자료에 전념한다. 만약 당신이 이후의 어떤 시점에 교재를 따라가기 힘들다고 여기거나 몸에서 스트레스 반응이 나타나기 시작하면, 다시 2분 동안 편한 자세를 취하면 된다.

이제 주의력을 청각적 통로에 집중시키라. 폭포수 아래에 서 있는 동안 무슨 소리를 듣는가? 다른 감각은 차단되어야 한다.

그 다음번에는 촉각적 통로에 관심을 돌릴 차례다. 당신은 폭포수 아래에 서 있는 동안 무엇을 느끼는가? 어쩌면 무엇보다 피부에 물이 와 닿는 것을 느낄 것이다.

이 과정을 며칠 동안 번갈아가며 시행하라. 처음에는 한 가지 감각 내지 오직 폭포수에만 매달리는 일은 쉽지 않다. 약간의 연습으로 기억력과 집중력을 향상시킨 후에는 이 연습이 어렵지 않을 것이다.

이제부터는 2분 동안 매번 두 통로를 서로 결합하라. 예컨대

보는 것과 드는 것을 결합하여 폭포수의 모습을 그려보고 물이 콸콸 흘러내리는 소리를 잘 들어보도록 하라. 그 후에는 보는 것과 느끼는 것, 그다음으로는 듣는 것과 느끼는 것을 결합하라.

이것이 잘 되면 마지막으로 세 감각 모두를 결합하라. 이것을 체험하는 것은 당신이 처음부터 한꺼번에 시도했을 경우와는 완전히 다를 것이다. 당시에 당신의 각 감각통로는 아직 그 정도로 훈련되어 있지 않았다. 각 감각을 처음에는 하나씩 단련시키고 그 후에 단계적으로 서로 결합시키는 것이 최상의 훈련이다. 이제 냄새와 맛도 포함시키도록 하라.

기억 훈련 2: 감각 단련하기

처음에는 무엇보다 선명한 시각 이미지가 생겨나도록 하는 것이 중요하다. 시각적 학습통로는 받아들이는 능력이 비교가 되지 않을 정도로 높기 때문이다. 병원에서 진료 순서를 기다리거나 버스 혹은 전철을 기다리는 시간을 이용해서 이 통로를 훈련하는 것도 좋다.

어떤 물체나 포스터 혹은 건물 전면을 자세히 살펴보라. 그 후에 이 대상을 눈을 감고서도 그려보려고 노력하라. 만약 당신이 어떤 이미지를 떠올리고 있다면, 다시 눈을 뜨고 그것을 실제와 비교해보라. 머릿속 이미지를 실제와 점점 더 가깝게 맞추도록 하라. 매번 눈을 감고 뜰 때마다 더 많은 세부사항을 추가하도록 하라. 마침내 몇 분 후에 두 표상이 서로 일치할 때까지.

만약 시각적 통로가 당신이 선호하는 통로가 아니라면, 처음에는 표상들을 만들어내고 이것을 머릿속에 그려보는 것이 힘들 것이다. 그러나 조금만 연습을 하고 나면 선명한 표상이 생겨나기 시작한다.

일상생활에서 이런 감각들을 단련할 기회가 많다. 당신은 쇼핑 목록을 종이쪽지에 적을 수도 있겠지만 각각의 물건을 하나의 이야기로 꾸며낼 수도 있다. 이때 행성을 외울 때와 똑같은 연결법을 사용하라. 쇼핑 목록의 경우에는 구체적인 물건이 들어가기 때문에 훨씬 더 쉬울 것이다. 새로운 표상들은 만들어낼 필요 없이 이미 주어져 있기 때문이다. 이렇게 하면 스무 개 이상의 물건도 힘들이지 않고 차례대로 외울 수 있다.

우리는 어차피 공부를 해야 하는 분야에서 감각을 단련시키는 것을 더 좋아한다. 어떤 공부를 하든 상관없다. 학교 공부, 대학 입시, 취업 시험, 직장 교육, 개인적인 필요에 따른 공부 등 무슨 공부든, 공부를 할 때 언제나 감각을 적절히 훈련하는 기회로 삼아라.

기억 훈련 3: 이야기를 통한 감각 단련

다음과 같은 '사업'의 정의가 있다고 생각하자.

> "사업이란 대외적, 합법적, 계획적, 독자적이고 이윤을 목적으로 하는 모든 활동을 말하며, 상업적 혹은 기술적 능력을 수단으로 삼는다. 여기에는 자유직 그리고 과학적, 예술적 성격을 가진 것은 제외된다."

위 내용을 구조카드로 정리하면 어떤 모습이 될까? 다음과 같이 정리해볼 수 있을 것이다.

이제 우리는 감각을 훈련하기 위해 하나의 이야기를 생각해낸다. 사업에 대한 시작 그림으로 가령 음식점을 경영하는 장면을 골라보자.

이것은 사업 활동이다. 이 음식점에서 우리는 야외정원에 앉

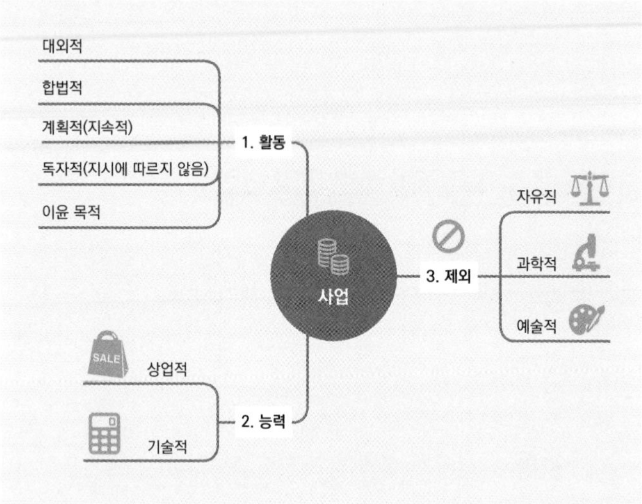

을 수 있다.(대외적). 한 테이블에 경찰관이 앉아서(합법적) 저장용 소시지를(저장=계획적) 먹고 있다. 갑자기 어떤 종업원이 음식점에서 달려 나와 불같이 화를 내며 자신의 돈주머니를 바닥에 집어던지고 큰 소리로 이제 자신은 카페를 열어 독립할 것이라고 공언한다(독자적). 이때 경찰관이 돈주머니에서 바닥으로 튕겨나온 돈을 슬쩍 챙기고(이윤을 목적) 자신이 가져온 신문의 경제면을 펼쳐놓고(상업적 능력) 휴대폰을 통해 잠시 정보를 검색한 후(기술적 능력) 주식을 주문한다. 이 경찰관은 황급히 뒷문을 통해 식당을 빠져나간다(이제 사업이 아닌 제외요건들이 등장하기 때문이다). 그렇지만 한 변호사가(자유직) 이 모든 행동을 망원경을 통해(과학적) 관찰하고 경찰관의 머리에 한 통의 물감을(예술적) 뒤집어씌워 도주하지 못하게 한다.

이 이야기를 한두 번 더 읽고 나서 앞의 정의를 기억하라. 처음에는 어떻게 이런 이야기를 만들어내야 하는지 의아할 것이다. 그러나 약간의 연습만 하면 쉬워진다. 이러한 연습을 통해 자신의 선천적인 기억력뿐 아니라 창의력도 상당히 높아진다는 사실을 확인하게 될 것이다.

당신도 연습 삼아 이 정의에 대한 자기 나름의 이야기를 만들어보도록 하라. 사업에 대해 다른 어떤 시작 그림을 골라보라. 예를 들면 놀이공원, 어시장, 혹은 스쿠버다이빙 스쿨이 될 수도 있다. 이야기 속에 당신이 등장하면 더 많은 관련 사항들을 얻게 된다.

얼마든지 이야기를 과장해도 좋다. 괴상하고 유별난 모습들은 더 쉽게 외워진다. 어떤 것이 색다를수록, 그것은 또한 외울 가치도 높다. 당신은 분명 지난달의 하루하루를 똑같이 기억하는 것이 아니라, 어떤 특별한 사건 때문에 다른 날과 뚜렷이 대조되는 그런 날만 기억할 것이다. 어쩌면 스키나 요트를 타러 갔거나 멋진 축제에 참가한 날도 있을 것이다.

그런데 우리는 공부를 할 때 이 원리를 고려하지 않는다. 무작정 자리에 앉아 책을 읽기 시작한다. 어떤 특별한 것을 강조하거나 모든 감각을 동원해서 색다르게 꾸미지 않고서 말이다. 그러고서도 얼마 후에 아무런 기억도 남지 않으면 이상하다고 여긴다.

이 연습에 대해 오해를 해서는 안 된다. 이것은 공부를 할 때마다 매번 그림 이야기를 만들어내야 한다는 뜻이 아니다. 이 이야기들은 단지 감각을 위한 연습으로만 고려된 것이다. 당신은 이 이야기들을 통해 당신의 선천적인 기억력을 향상시킨다. 공부를 하는 동안 몇 대목에서 자신의 감각을 투입하는 것으로 충분하다. 그러면 나머지 키워드들은 연상적으로 여기에 연결될 것이다.

나이가 많이 든 노인 중에 미국 대통령 J. F. 케네디의 암살 소식을 들었을 때 자신이 어디에 있었고, 무엇을 하고 있었으며, 누구와 함께 있었는지 아직 정확히 기억하는 사람들이 있다. 이러한 추가 정보는 그 사건에 연결되어 있었던 것이다. 당신도 9 · 11 테러의 참상을 처음 보거나 들었을 때 자신이 무엇을 하고 있었는지 분명 잘 알고 있을 것이다.

많은 경우에 기억 보조수단은 한낱 비법으로 치부된다. 선천적으로 좋은 기억력과는 아무런 관련이 없다는 것이다. 그러나 이 말은 전혀 맞지 않는다. 오히려 관련이 있기 때문에 아주 뛰어난 기억력을 가진 사람들이 자신의 뇌를 이런 식으로 투입하는 것이다. 그들은 다만 그것을 의식적으로는 더는 알아차리지 못할 뿐이다.

3-2-1 읽기 고급 연습

우리는 학습사이클 2단계에서 마인드맵 작성하기를 3-2-1 연습에 성공적으로 포함시켰다. 읽기 능력을 더욱 향상시키기 위해서는 한 걸음 더 나아가야 한다. 3단계에서는 읽기 시도를 할 때마다 매번 특정한 단어들을 마음속으로 생생히 그려보도록 하라. 중요한 것은 당신이 3-2-1 연습을 꾸준히 해왔고, 이것을 구조카드와 결합시키는 일이 힘들지 않게 되었다는 점이다.

그렇다 하더라도 처음에는 과도한 부담을 느낄 것이다. 그 방법을 설명하기로 한다. 당신은 두 번째와 세 번째 읽기 시도에서 텍스트를 자신의 현재 수준보다 훨씬 더 빨리 읽어야 하고, 그 후에 마인드맵을 작성하기 위해 키워드들에 관심을 집중해야 하며, 이제 동시에 표상들도 떠올려야 한다. 어떻게 하면 이것을 성공적으로 해낼 수 있을까?

첫 번째 읽기 시도에서 단 하나의 이미지도 나타나지 않는다 하더라도, 힘들게 노력하는 것만이 결정적으로 중요하다. 그래야 당신은 편안지대에서 벗어나며, 새로운 시냅스들이 생겨난다. 언젠가는 갑자기 최초의 의식된 표상이 나타날 것이며, 그러면 마침내 요령을 터득하게 될 것이다. 고속도로 효과를 활용하라. 당신은 평소대로 읽을 때 표상들을 만들어내는 것이 갑자기 얼마나 쉬워지는지 깨닫고 깜짝 놀랄 것이다. 이렇게 해서 3단계도 점점 더 처음 두 단계와 하나로 통합된다.

기억력을 향상시키기 위한 추가 연습에 관심이 있다면, 이 3단계의 마지막에 나오는 '오감을 단련하는 훈련' 부분을 참조하라. 기억술에 관해 약간 이해할 수 있게 되며, 기억술사들이 어떻게 일반인은 상상도 할 수 없는 기억능력을 발휘하는지 알게 된다. 이 배경지식을 갖추게 되면 뛰어난 기억능력을 위해서는 소질이나 특별한 재능이 필요한 것이 아니라 올바른 방법만 알면 된다는 사실을 깨닫게 될 것이다.

이제 3-2-1 읽기 고급 연습에 대해 살펴보자. 우선 읽기로 돌아가보자. 당신은 읽기 능력이 늘어남에 따라 속 읽기를 할 때 중요한 키워드들에만 강세를 주게 된다는 사실을 확인하게 될 것이다. 속 읽기는 읽을 때 마음속으로 따라 말하는 것으로 이해하면 된다. 모든 것을 다 따라 말하는 것은 책에 나오는 모든 단어와 문장에 처음부터 끝까지 형광펜으로 밑줄을 긋는 것과 같다. 텍스트에서 강조하고 싶은 부분이 있다면, 펜으로 중요한 키워드에만 표시하면 된다.

글을 읽을 때 청각적 통로를 이용하고 싶다면, 마찬가지로 중요한 키워드에만 강세를 주면 된다. 이렇게 본질적으로 중요한 것을 선별하는 것을 통해 적극적으로 읽게 되면, 그에 따라 기억력과 이해력도 높아진다.

단어를 이해하기 위해 그것을 따라 말할 필요는 없다. 그러나 우리는 수십 년 동안 그렇게 하는 데 익숙해진 상태다. 모든 글의 약 60퍼센트는 400개 정도의 단어로 구성된다. 그중에 '입니다', '그리고'와 같은 단어들은 따라 말할 필요가 없다. '한편' 같은 접속사도 마찬가지다. 이 단어들이 중요하지 않다는 것이 아니라, 따라 말할 필요까지는 없다는 뜻이다.

'읽기'는 우리가 보는 것이 아니라 '듣기' 위해 눈을 사용하는 유일한 시각 활동이다. 심지어 시각통로는 청각통로보다 비트 단위로 약 100배 정도 더 높은 수용력을 가지고 있다. 그래서 간혹 읽기 속도가 아주 느린 사람을 관찰해보면, 입술을 달싹이거나 입속으로 웅얼거리는 모습을 발견할 수 있다.

에블린 우드는 1950년대 초반에 세계에서 가장 빨리 읽는 사람들을 면밀히 분석했다. 이 사람들에게 어떻게 그토록 빠른 속도로 읽는지 물어보면 그들 자신은 아무런 설명도 해주지 못했다. 오랜 조사 끝에 연구자들은 그 차이점을 찾아냈다. 효과적으로 읽는 사람들은 글을 이해하기 위해 그것을 '들을' 필요가 없었다. 그들은 이 능력을 본능적으로 터득하고 있었다.

중요한 것은 당신이 따라 말하는 것에 전혀 신경 쓰지 말아야 한다는 것이다. 오히려 따라 말하는 것을 깨닫게 되면 그것을 감수하도록 하라. 따라 말하는 것에 대한 거부감은 대뇌변연계의 더 큰 거부감만 불러올 뿐이다. 읽기 능력이 늘어남에 따라 자동으로 점점 더 중요한 단어에 주안점을 두게 될 것이다. 점차 속도가 빨라지게 되면 당신의 뇌는 저절로 본질적으로 중요한 것으로 초점을 돌리게 된다.

이렇게 해서 빨리 읽기, 전체 구조 파악, 기억술, 구조읽기, 감각통로를 모두 통합한 3-2-1 고급 연습이 완성된다.

Lesson 02

학습시간과 분량, 효율성의 상관관계

1장에서 지식 학습곡선에 대해 살펴보았듯이, 이 곡선은 이상적인 경우에 기하급수적으로 상승한다. 그러나 많은 사람에게서는 때때로 떨어지기도 한다.

왜 힘들여 습득한 지식을 잃어버리는 것일까? 이것에 대한 학습생물학적 근거는 아직 밝혀지지 않았다. 그러나 분명한 것은 우리가 자신도 모르는 사이에 계속해서 지식을 잃어버리고 있다는 것이고, 이것을 방지하는 것은 물살을 거슬러 헤엄치는 것보다 더 힘들다는 사실이다.

그러나 불가능한 것은 아니다. 정보와 기억의 속성을 알면 잘 대처할 수 있다. 이때 무엇보다 중요한 것은 단기기억의 저장능력이 제한되어 있다는 사실을 아는 것이다. 먼저 어떤 정보가 받아들여지고 지속적으로 저장되기까지 어떤 과정을 거치는지 살펴보자.

뇌는 어떻게 정보를 기억할까?

초단기기억(감관기억), 단기기억, 장기기억이라는 용어들에 관해 들어본 적이 있는가? 책마다 어떤 정보가 기억 속에 얼마나 오래 남는가에 대해 서로 다른 수치를 내놓고 있다. 그 까닭은 이러한 구분이 실제로는 존재하지 않기 때문이다. 우리에겐 하나의 기억만 있으며, 세 종류의 기억은 뇌의 정보처리 과정을 더 쉽게 설명하기 위한 모델일 뿐이다. 그렇지만 이 모델은 뇌의 기억 저장능력을 이해하는 데는 도움이 된다.

감각을 통해 받아들이는 모든 지각은 처음에는 전기 자극의 형태로 뇌 속을 돌아다닌다. 감각적 인상은 물질적으로 고착화되지 않은 채 대부분 무의식적으로 뇌 전류로 바뀐다. 그렇지만 이 자극은 몇 초 후에는 다시 점점 사라진다.

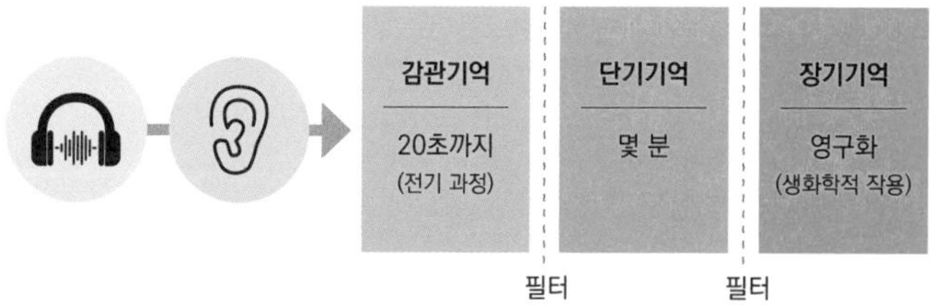

조깅을 할 때 이 현상을 관찰할 수 있다. 달리다가 눈을 감으면 처음 1~2초 동안은 아무렇지도 않다. 그러나 주변 환경에 관한 정보가 점차 사라지면 다음 가로등이 어디에 서 있는지 알지 못해서 비틀거리기 시작한다. 정보를 감관기억에서 단기기억으로 옮겨 보존하고 싶다면, 주의력을 이 새로운 정보로 돌려서 그것을 기존 지식에 연결해야 한다.

그러므로 단기기억은 의식적으로 목적에 맞게 저장되어야 하는 중요한 정보를 받아들이는 데 사용된다. 이것을 위해 뇌에서는 지각에 대한 임시적인 물질적 복사본이 작성된다(이른바 RNA 원본). 단기기억은 정보가 물질로 바뀌는 이행 과정의 한 단계다. 이러한 일시적인 변형은 마치 문지기처럼 특정한 정보만 통과시켜주는 일종의 필터가 된다. 우리는 이렇게 해서 정보로 인해 과도한 부담을 받는 것으로부터 자신을 보호하고 올바른 판단을 내리기가 쉬워진다.

모든 것이 다 단기기억에 전달되면 당신은 정보의 홍수로 쓰러질 것이다. 아쉽게도 우리는 이 필터를 항상 공부에 최대한 적합하게 맞춰놓지는 않았다. 이미 언급했듯이 우리는 도서관에서 때때로 책 속의 정보보다는 주변에서 일어나는 일들을 더 쉽게 기억한다. 이 필터를 통과하기 위해서는 주의력이 필요하고, 우리는 이 주의력을 오직 오감을 통해서만 정보로 향하게 할 수 있다. 이 때문에 집중력이 중요한 것이다.

우리가 집중력을 향상시켰고 필터를 올바로 조절하는 데 별 어려움이 없다 하더라도 또 하나의 문제가 남는다. 단기기억은 제한된 양의 정보만 받아들일 수 있다. 이미 수많은 연구자가 여기에 매달려왔다. 이제 장기간에 걸쳐 많은 실험대상자를 상대로 수행된 연구 중 하나를 소개하려 한다. 그다음으로 어떻게 이 이론적인 지식이 실행으로 옮겨질 수 있는지 설명할 것이다.

뇌는 휴식을 하면 효율이 오른다

이 연구는 다음과 같이 수행되었다. 과학자들은 실험대상자들을 세 그룹으로 나누고 이들에게 읽을 텍스트를 주었다. 첫 번째 그룹에게는 2시간 이상의 시간을 주고 읽도록 시켰다. 그 후에 이들에게 학습자료에 관한 질문을 해보니 처음 2시간에 대

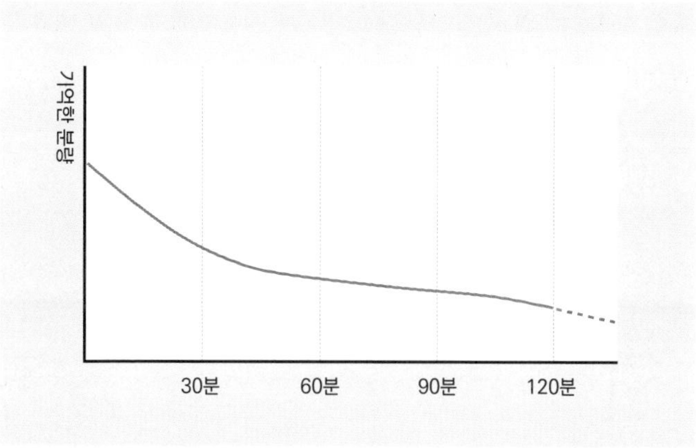

해 위와 같은 도표가 생겨났다.

이들은 학습시간 초반의 많은 정보를 기억하고 있었다. 이 지식을 학습심리학에서는 초두 효과Primacy effect, 또는 첫인상 효과라고 부른다. 그 후에 읽은 내용에 대한 기억은 점점 더 떨어졌다.

두 번째 그룹은 정확히 2시간 동안 읽었다. 잠시 휴식을 취한 후에 이들에게 학습자료에 관해 질문했다. 여기서도 역시 초두 효과가 나타났다. 그렇지만 학습시간 종반의 내용에 관해서도 많은 정보가 남아 있었다. 이것을 최근 효과Recency effect, 또는 막바지 효과라고 부른다. 그 외에도 기억된 양이 중반에서 그리 심하게 떨어지지 않는다는 사실도 밝혀졌다. 이것은 2시간 후에 휴식시간이 주어졌고, 그 전에 공부한 내용에 영향을 미치거나 겹치는 추가 정보가 더 주어지지 않았다는 사실과 관련이 있다.

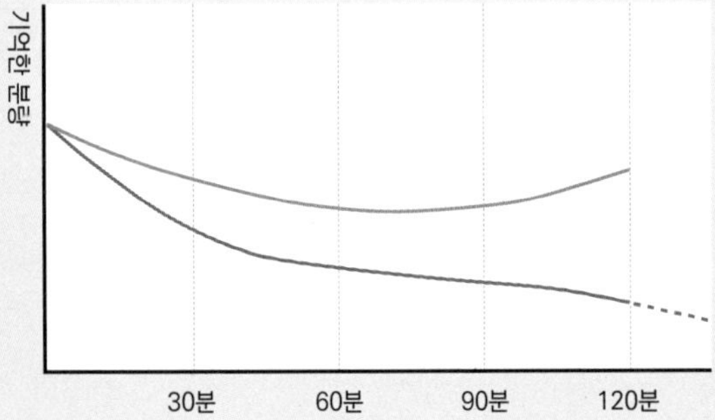

세 번째 그룹은 30분씩 끊어서 읽었다. 잠시 휴식을 취한 후에 다음 30분의 읽기 시간이 이어졌다. 이것을 두 번 더 반복했다. 그 후에 이들에게도 내용에 관해 질문을 했다.

여기서는 다음과 같은 도표가 생겨났다. 이들은 초두 효과와 막바지 효과를 전부 합쳐서 여덟 번이나 누릴 수 있었다. 그 외에도 학습시간 중반의 하락이 이전의 그룹만큼 심하지 않았다. 학습의 상당 부분이 휴식시간에 이루어지기 때문이다.

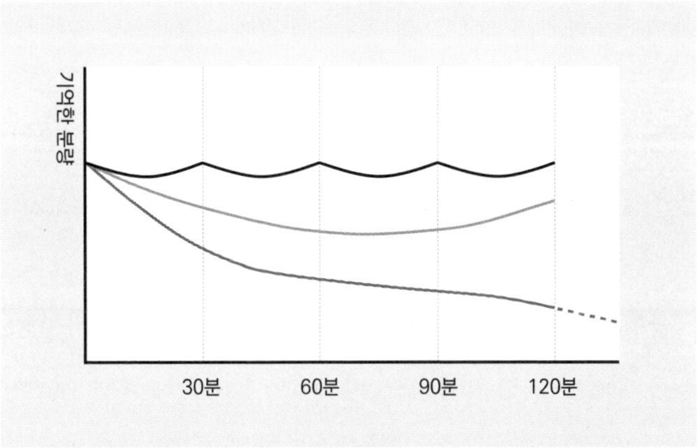

쉬어야 공부가 된다고?

우리는 공부를 하는 동안 늘 새로운 정보를 받아들인다. 이 정보는 우리 뇌에서 돌아다닌다. 이 정보가 정착되고 이전 지식과 연결되려면 뇌에 휴식시간을 주어야 한다. 단기기억의 제한된 수용 능력을 생각해보라. 휴식시간에 비로소 새로운 내용이 완전히 자기 것으로 통합될 수 있다. 이 때문에 휴식을 취하면 휴식 없이 계속 공부를 했을 때보다 더 많은 지식을 처리할 수 있는 능력을 갖추게 되는 것이다.

이것은 컴퓨터의 작업 메모리에 비유할 수 있다. 당신이 프로그램을 많이 열어놓을수록 일정 시간 후에는 컴퓨터에 과부하가 걸린다. 이제 당신은 컴퓨터가 미처 처리하지 못한 작업 단계를 마무리할 때까지 기다려야만 한다.

또 다른 비유로 물 한 잔을 들 수 있다. 잔이 가득 차는 순간 더는 물이 들어가지 않거나 전에 들어 있던 물이 흘러나온다. 공부에 있어 이것은 새로운 정보가 더 받아들여지지 않지 않거나, 혹은 이전 정보가 덮어 쓰인다는 것을 의미한다.

불행히도 우리는 이 사실을 깨닫지 못한다. 기억력과 이해력은 일정한 시점 이후로는 비례해서 늘어나지 않기 때문이다. 우리는 2시간에 걸쳐 어떤 텍스트를 잘 이해하면서 읽을 수는 있다. 그러나 그 내용에 관해서는 조금밖에 기억해내지 못할 것이다. 물론 당신은 앞으로 50분 이상 공부할 때도 있을 것이다. 예를 들어 어떤 문제를 풀거나 어떤 구상을 하거나 개념에 관해 몰두할 때다. 이해력은 꽤 오랜 시간 동안 높게 지속될 수 있다. 그럴 때 자주 휴식을 취하는 것은 방해만 될 것이다. 다만 이런 것들에 관해 기억도 잘할 수 있을 것이라고 기대해서는 안 된다.

45분 공부하고 5분 쉬어라

새로운 정보를 저장하는 것이 중요하다면 적어도 45분 후에는 잠깐의 휴식시간을 끼워 넣어야 한다. 5분이면 충분하다. 그러나 그 사이에 당신은 비교적 긴 휴식시간도 얻을 것이다. 장기

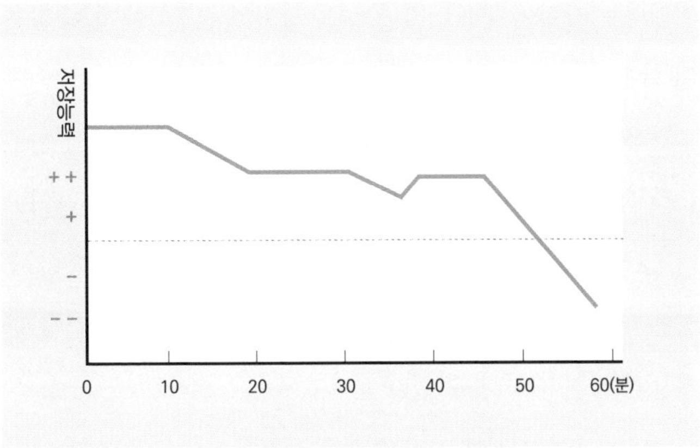

적인 관점에서 효과적으로 공부하려면 긴장과 긴장 완화 사이에 균형이 꾸준히 유지되어야 한다. 만약 이 45분을 넘어서까지 공부한다면 양쪽 뇌는 자동으로 휴식을 취할 것이다. 그러면 생각이 딴 곳으로 향하게 되는 것이다.

나는 국가고시를 준비하는 동안 다음과 같은 장면을 끊임없이 경험했다. 친구들이 도서관에서 나에게 아주 반갑게 다가와서, 방금 어떤 책을 쉬지 않고 3시간 동안이나 읽어냈다고 자랑했다. 그럴 때마다 나는 '경쟁자 한 명이 떨어져나갔군' 하고 생각할 뿐이었다.

이런 친구들에게 책 내용에 관해서 물어보면 실제로 조금밖에 기억해내지 못했다. 일정한 시점 이후로 기억력이 심하게 떨어진다는 사실이 두드러졌다. 나는 당연히 친구들에게 이 잘못된 학습태도에 관해 충고해주었다.

그러나 이게 끝이 아니다. 많은 사람이 '3시간 동안의 힘든 노력'을 기울이고 난 후에는 신문을 들고 구석자리로 물러났다. 그러나 공부를 마치고 휴식을 취하는 바로 이 시간 동안 당신은 뇌를 온전히 쉬게 해주어야 한다. 그래야 공부시간에 받아들인 지식이 쌓일 수 있다.

반면에 휴식시간에 의도적으로 새로운 정보가 받아들여지면, 이전의 정보는 쌓일 수 없다. 그러나 이것은 당신이 휴식시간에 깜깜한 지하실로 들어가서 모든 감각적 인상을 차단해야 한다는 의미는 아니다. 이 시간에 다른 사람들과 대화를 나누는 것은 문제가 되지 않는다. 일부러 신문이나 텔레비전을 통해 새로운 정보를 받아들이지만 않으면 된다. 신문보다 텔레비전이 더 나쁜 것은 말할 필요도 없다.

신선한 공기를 마시는 것은 항상 유익하다. 잠깐 자리에서 일어나 밖으로 나가는 것이 가장 좋다. 그러면 정말로 관심을 딴 곳으로 돌릴 수 있고 더는 학습자료에 관해 골똘히 생각하지 않게 된다.

학습시간이 끝날 때 읽은 내용을 최대 1분 동안 다시 한 번 머릿속에 죽 떠올려보고, 가급적 생각 속에서 내용을 마감하

라. 그러면 다음 학습시간이 시작될 때 당신은 이 지점을 다시 찾아내 워밍업 단계 없이 이전에 중단했던 곳에서 계속 진행할 수 있다.

집중이 된다고 연달아 공부하면 안 되는 이유

하루 일과 중에 어떤 활동에서 다른 활동으로 옮겨갈 때도 정확히 이런 식으로 해야 한다. 당신이 지금 현재 업무보고서 작성에 매달려 있는데 갑자기 전화벨이 울린다고 가정해보자. 곧장 수화기를 집어들고 통화를 하면 처음에는 상대방의 말에 완전히 정신을 집중하지 못할 것이다. 당신의 주의력 일부는 아직도 업무보고서에 머물러 있기 때문에, 점차 전화 통화에 더 많은 주의력을 기울이게 된다. 통화를 끝내는 즉시 다시 업무보고서에 관심을 돌린다면 다시 어느 정도 시간이 필요할 것이다. 당신의 생각 속에는 아직도 통화의 여운이 남아 있기 때문이다. 당신은 자신의 작업 메모리에서 업무보고서를 위한 자원을 오직 순차적으로만 사용할 수 있다.

이렇게 활동이 중첩되면 많은 에너지가 소모된다. 하루가 지나면서 우리는 지치고 피곤하다는 느낌이 든다. 그러나 이런 것은 얼마든지 피할 수 있다. 업무보고서를 예로 들어보자.

당신이 주의력을 전화로 돌리기 전에 현재 매달리고 있는 일을 잠깐 동안 요약하라. 그 일을 마감하라. 약간의 연습을 하면 (다시 말해 그것이 무의식적 능력으로 변하면) 그렇게 하는 데 1~2초 이상 걸리지 않을 것이다. 이제 당신은 이 일을 종결하고 모든 주의력을 다음 활동에 투입할 수 있다. 전화 통화가 끝나면 이것 역시 간략히 요약하고 그것을 머릿속에서 의식적으로 마감하라. 이제 당신은 정신역량 전부를 다시 업무보고서 작성을 위해 투입할 수 있다. 중단했던 지점에서 다시 시작할 수 있다. 한번 시험해보라. 그 차이는 엄청나다.

공부시간을 30분이나 45분 단위로 하라고 했더니, 너무 짧다는 불만이 자주 나온다. "사람들은 충분히 이해는 하지만 그 시간보다는 더 오래 공부할 수 있다"고 말한다. 이것은 위에서 설명한 문제점이다. 이해하는 것과 기억하는 것은 동시에 진행되지 않는다.

그 외에도 나는 아직 집중력을 훈련하지 않은 사람에게는 30분 내내 딴 생각을 하지 않고 공부에 집중하는 것이 불가능할 것이라고 주장한다. 그런데 이렇게 짧게 정해진 공부시간에는 집중하는 것이 중요하다.

30분 후에 다음 휴식시간이 돌아온다는 것을 알면 훨씬 더 의욕적으로 공부에 임하게 된다. 비록 5분밖에 되지 않는다 하더라도 말이다. 평소에는 그때그때 처리하는 자질구레한 일들을 우리는 느긋하게 휴식시간으로 미룰 수 있다. 사소한 일들은 별도의 쪽지에 적어두는 것이 바람직하다. 그러면 당신은 머리가 맑아지게 된다. 장기 휴식시간에 이런 활동을 모아서 한꺼번에 끝낼 수 있다. 톱날효과를 생각해보라.

공부 시간표를 뜯어고치자

내가 주최하는 공부 세미나에서 오래 경험한 바로는 일부 참가자들에게는 이러한 공부시간과 휴식시간이 이어지는 순서를 계획표에 적어두는 것이 도움이 되는 것으로 드러났다. 만약 장기간에 걸쳐 고시나 시험 준비를 하는 사람이 있다면, 공부 일정을 꼼꼼하게 지킬 필요는 없겠지만 기본이 되는 계획을 짜 놓는 것이 한결 도움이 된다. 예를 들면 다음 도표처럼 말이다.

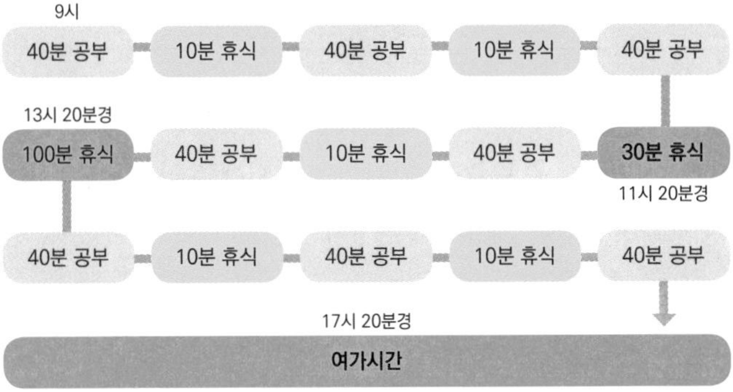

이것은 고시처럼 아주 어려운 시험 준비를 할 때만 효과가 있는 대단히 야심찬 계획표다. 학습 자료가 적은 경우에는 하루 계획에 더 적은 학습 분량을 맞춰 넣어도 된다.

그러나 직장생활에 필요한 공부를 할 때는 사정이 전혀 달라진다. 직장 내에서 다른 많은 일도 처리해야 하므로 공부에만 매달릴 수는 없다. 그럴 때는 학습 분량을 일부 쪼개서 별도로 일일계획표에 집어넣는 것이 중요하다.

당신이 하루 종일 공부만 하기로 작정했다 하더라도 그렇게 정해놓은 것을 정확히 지키지는 못할 것이다. 원리를 이해했다는 점이 중요하다. 당신이 책을 읽을 때 한 단원을 끝내는데 세 페이지밖에 남지 않았다면 정확히 40분 후에 읽기를 중단 하지는 않을 것이다. 오히려 그것을 마저 끝마치려 들 것이다. 기억해야 할 게 특히 많은 공부를 할 때만 이 짧은 학습시간을 지키면 된다.

이 계획표는 하나의 지침으로는 유용하다. 계획표가 없으면 긴장이 떨어져 집중력도 떨어지고, 그 때문에 여가시간도 줄어들 것이다. 또 여가시간이라 하더라도 원래는 더 했어야 한다는 양심의 가책에 시달리기까지 할 것이다.

과학자들은 우리가 계획을 세우지 않으면 기껏해야 능력의 30에서 40퍼센트까지밖에 발휘하지 못한다는 사실을 알아냈다. 그들은 또 하루 종일 도서관에서 시간을 보내는 대학생들에게서 계획을 세우지 않으면 효과적으로 공부할 수 있는 시간이 2~3시간 이상 나오지 않는다는 사실도 밝혀냈다. 비록 시간만으로 보자면 순전히 공부만 한 시간이 8시간이나 되지만 말이다.

한번쯤 자신이 얼마나 많은 시간을 실제로 공상, 잡담, 사소한 일들로 보내는지 직접 관찰해보기 바란다. 하루에 대한 일지를 작성하고 그 속에 방해가 되는 모든 것들을 기입하라. 그러고 나서 순전히 공부만 하는 시간이 얼마나 적게 나오는지 알게 되면 놀라 까무러칠 것이다. 방해요인들에 대한 분석이 없다면 이 사실은 전혀 눈에 띄지 않는다. 하루는 이 휴식시간 계획표를 가지고, 또 하루는 계획표 없이 공부해보기 바란다. 엄청난 차이를 깨닫게 될 것이다. 이렇게 시간을 잘 이용하면 당신은 계획도 세우지 않고 무작정 아침부터 저녁까지 책상 앞에 앉아 지내는 사람보다 더 많은 공부를 할 수 있다.

지금까지 학습시간, 학습분량, 효율성과의 관계를 살펴보았다. 이제 공부한 것을 관리하는 기술을 다룰 차례다. 우리는 습득한 지식을 어떻게 하면 최고 수준으로 유지할 수 있을까?

Lesson 03

복습 리듬의 마법

힘들여 습득한 지식을 얼마 지나지 않아 대부분 다시 잊어버린다면 참으로 절망적인 일이다. 실제로 새로운 것을 배우는 즉시 예전에 배운 것은 머릿속에서 사라져버리는 것처럼 보인다. 그리고 이렇게 허망하게 잊어버리지 않으려고 계속해서 '싸우는 것' 때문에 우리의 의욕과 집중력은 손상을 입는다. 하물며 어떻게 공부에 재미를 느낄 수 있겠는가.

올바른 복습시스템을 이용하면 앞으로 당신은 새로 배운 지식을 꾸준히 잘 유지하게 된다. 따라서 당신은 꼭 필요한 경우에 지식을 기억하고 있다는 자신감을 가지고 공부에 임할 수 있다.

한 번 공부하고 절대 잊지 않는다

앞에서 다룬 세 가지 기억저장 모델로 돌아가 보자. 우리가 어떻게 첫 번째 필터를 통과하여 단기기억의 제한된 저장능력을 이용하지는 이미 알아보았다. 이제 어떤 정보가 지속적으로 저장되기까지 거쳐야 하는 추가의 경로를 살펴보자.

나는 단기기억에서 지각한 것의 임시적인 물질적 복사본이 작성된다는 사실을 앞서 언급했다. 그렇지만 이 복사본은 얼마 후에 사라지기 시작한다. 이 임시 복사본을 장기기억으로 옮겨 놓는 것이 문제가 된다. 이렇게 하려면 RNA 원본에서 단백질 합성을 통해 지각한 것의 임시 복사본이 최종 복사본으로 바뀌어야 한다. 정보는 뇌에서 화학적으로 고착화된다.

이렇게 화학적으로 고착화되는 데 있어 결정적으로 중요한 것은 어떤 정보가 우리 내면에 남기는 인상이다. 왜냐하면 뇌는 우리의 생존을 확보하기 위해 존재하기 때문이다. 생존을 위해 우리는 경험에서 배운 것을 덧붙여 저장해야 한다. 예를 들어 당신이 어린 시절에 뜨거운 불판을 건드렸다면, 이 경험을 지속적으로 저장해놓았을 것이다. 이 위험을 기억에 새기기 위해 또 한 번 불판에 손을 댈 필요는 없다. 그 예로서 이미 케네디 암살과 9 · 11 테러가 언급되었다. 이 사건들도 강한 인상을 남겼다.

공부를 할 때는 이 인상을 오직 자신의 오감을 통해서만 생기게 할 수 있다. 그러나 아주 방대한 지식 분야의 모든 정보는 감각을 이용해서 강렬하게 경험하는 것은 대단히 힘들다. 이 때문에 복습이 중요하다. 그러지 않으면 잠정적으로 생겨난 RNA 원본은 그 주변에서 '생명력을 지닌' 단백질이 합성되기도 전에 사라질 것이다. 당신이 앞으로 복습을 해야 할 올바른 시점을 알아낼 수 있도록 나는 또 하나의 연구를 소개하려고 한다. 이 연구에서는 공부시간 이후의 기억 활동이 조사되었다.

기억은 얼마나 오래갈까?

우리가 습득한 기억은 얼마나 오래 지속될까? 일반인들의 생각과는 달리 기억은 휴식시간 초기에는 상승한다는 결과가 나와 있다. 이것을 우리는 이미 알고 있다. 휴식하는 동안 새 지식은 기존 지식에 연결되는 것이다. 그러므로 휴식을 취한 후에 다시 공부를 시작하면 휴식 없이 계속 공부했을 때보다 더 많은 지식이 남는다.

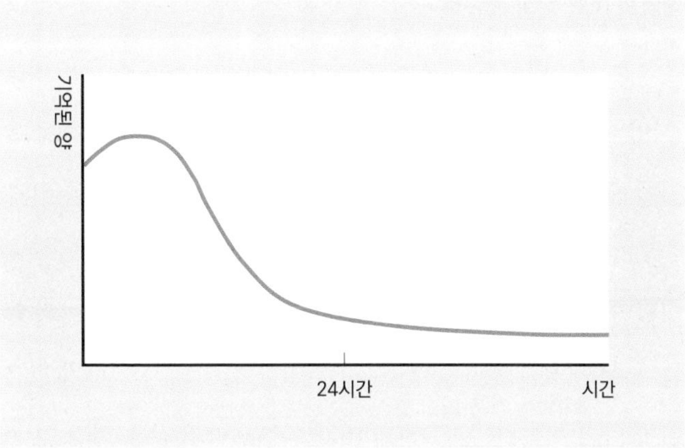

그러나 기억은 그 이후에는 급격히 감소된다. 당신은 정보를 받아들인 뒤 24시간 내에 세부적인 내용의 약 80퍼센트를 잊어버린다. 물론 이것은 평균치일 뿐이다. 정확한 수치는 어떤 테마에 관한 당신의 사전지식, 학습 능력, 정보가 당신의 내면에 남기는 인상에 따라 달라진다.

이러한 급격한 감소는 기억이 연상을 통해 작용하기 때문에 앞으로의 공부를 더욱 힘들게 한다. 기억 속에 기본 원리가 적게 남아 있을수록 새로운 원리를 저장하는 것은 더욱 힘들다. 그리고 거꾸로 당신은 많이 알수록 더 쉽게 배울 수 있다. 새로운 데이터는 그 전에 습득된 지식의 그물망과 결합한다. 지식 학습곡선을 떠올려보라.

복습을 하는 올바른 규칙

올바른 복습법을 사용하면 기억이 급격히 감소하는 것을 막을 수 있다. 즉, 공부시간이 끝난 직후의 가장 높은 기억 수준을 유지할 수 있다. 받아들인 정보는 복습을 통해 기억에 각인된다.

우리는 기억을 언덕의 내리막에 비유할 수 있다. 처음 비가 내리면 빗물은 아래로 흘러내리고 별 뚜렷한 흔적을 남기지 않는다. 두 번째 비가 내리면 다시 동일한 길을 다시 지나가고 물길이 나기 시작한다. 그 후에 비가 퍼부으면 물길은 점점 더 뚜렷해질 것이다.

정보 역시 신경세포들의 길이 뚫리기 위해서는 동일한 경로를 여러 번 지나가야 한다. 이와 더불어 모든 복습은 기억이 떨어지기 시작할 무렵에 이루어져야 한다. 휴식을 취하고 나면 기억의 상승은 끝난 상태이기 때문에 이때 첫 번째 복습이 이루어져야 한다. 앞에서 언급한 연구는 이 첫 복습을 통해 기억이 약 하루 동안 최고 수준으로 유지된다는 사실을 입증했다. 이 때문에 다음 날 곧장 두 번째 복습이 이어져야 한다. 이 기억은 대략 1주일 동안 지속되기 때문에 1주일이 지나면 또 한 번의 복습이 필요하다.

그다음의 복습은 약 한 달 후로 정해진다. 지식은 이제 장기기억 속에 고착화된 상태며 가끔씩만 자극이 필요하다. 따라서

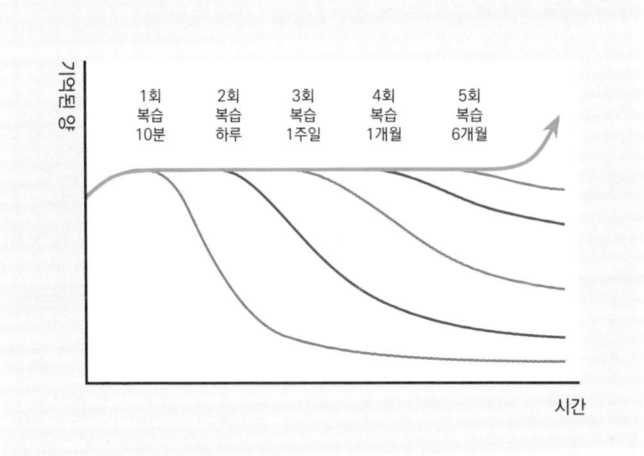

정보를 6개월마다 다시 한 번 살펴보는 것이 바람직하다.

복습에는 시간을 많이 들일 필요가 없다. 우리가 메모를 마인드맵 형태로 능숙하게 작성할 수 있다면, 복습은 아주 짧은 시간 내에 끝나며 최대의 효과를 가져다줄 것이다. 시간을 추가로 더 들일 각오가 되어 있는 사람은 복습을 첫날의 마지막에 끼워넣으면 된다.

이 복습은 뇌가 밤에도 활동하기 때문에 특히 효과적이다. 잠은 약 80분 주기의 여러 사이클로 나누어진다. 한 사이클은 대체로 깊은 수면과 꿈을 꾸는 시간이라는 두 단계로 되어 있다. 특히 꿈을 꾸는 동안 뇌세포들은 하루 종일 습득된 지식을 정리하고 체계화함으로써 배운 내용을 고착화한다.

이 무의식적인 활동은 공부를 할 때 아주 중요한 역할을 한다. 우리가 잠들기 전에 몰두하는 테마들은 우리의 꿈에 상당한 영향을 미치게 된다. 학교 시절의 경험을 돌이켜보면 이해가 갈 것이다. 잠자기 직전에 다시 한 번 훑어본 내용이 특별히 기억에 남았었다.

나는 여러 책에서 밤에 어휘를 계속 반복해서 들려주는 녹음테이프를 틀어놓으면 좋다는 주장을 읽었다. 물론 우리는 꿈을 꾸는 동안에도 외부로부터 들리는 소리를 알아듣는다. 우리는 자주 이 소리를 꿈속에 끼워 넣기도 한다. 그러나 밤에 이런 테이프를 틀어놓는 것은 해가 된다. 수면장애를 불러올 수도 있기 때문이다. 그뿐 아니라 이 테이프는 낮 동안 습득한 지식이 밤에 자기 것으로 통합되는 것도 방해한다.

숙면은 기억을 저장하는 데 아주 중요한 역할을 한다. 낮 동안 휴식시간에 일어나는 일이 밤에는 꿈속에서 대규모로 진행되기 때문이다.

잠과 관련하여 또 다른 측면도 흥미롭다. 술이 정보를 저장하는 데 어떤 영향을 미치는가 하는 질문도 끊임없이 나왔다. 술은 다음 날 두통과 속쓰림을 불러오기 때문에 집중하기가 힘들 뿐더러, 전날 공부한 것도 대부분 까먹게 한다. 혈액 속에 알코

올 농도가 높아지면 깊이 잠들지 못하기 때문이다. 이 때문에 낮의 인상들도 평소와 같은 방식으로 처리되지 못한다.

덧붙여 말하면, 하루의 수면 부족은 다음 날 더 오래 자는 것으로 만회될 수 있는 것이 아니라 더 깊이 자는 것으로만 가능하다.

공부시간의 4분의 1은 복습에 써라

복습의 필요성을 잘 알고 있음에도 우리는 무작정 공부를 계속하고 시간을 차라리 새로운 공부에 투입하려는 경향이 있다. 그날 하루만 따져본다면 이것은 보람 있게 보일지도 모른다. 사용할 수 있는 시간 100퍼센트 전부를 새로운 지식을 습득하는 데 사용한 것이다. 그러나 얼마 지나지 않아 그 지식은 거의 남아 있지 않게 된다.

적어도, 공부하는 시간의 4분의 1을 복습에 투입하도록 하라. 당신이 비록 75퍼센트의 시간만 새로운 지식을 습득하는 데 사용했다 하더라도 장기적인 관점에서는 그렇게 하면 최고의 성과를 얻는다. 마인드맵을 작성하면 필요한 복습시간을 더욱 줄일 수 있다. 이 두 가지 방식 사이에서 생기는 차이를 다음 그래프에서 잘 살펴보기 바란다.

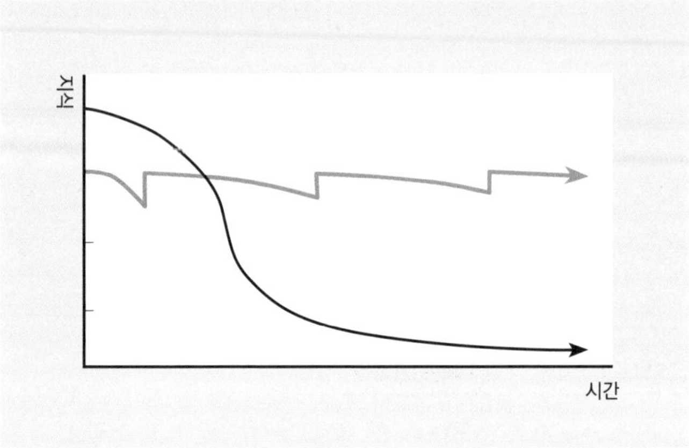

또한 정규적으로 복습을 하는 사람들과 그러지 않는 사람들이 공부에 투입하는 노력을 비교해보는 것도 흥미롭다. 복습을 하지 않는 사람들은 계속해서 정보를 머릿속에 채워넣지만 곧장 다시 잊어버린다. 이들은 새로운 정보를 받아들이는 것을 점점 더 힘들게 여길 것이다. 왜냐하면 이들은 이해하기 위해 필요한 기본 지식을 갖추지 못했기 때문이다. 정규적으로 복습하는 사람들의 사정은 이와 전혀 다르다. 이들은 사용할 수 있는 지식의 저장량이 꾸준히 늘어나서 새로운 정보를 힘들이지 않고 받아들이고 처리할 수 있게 된다.

이제 우리가 이 시스템을 얼마나 충실히 따라야 하는가 하는 질문이 제기된다. 특히 우리가 시험을 위해 지식을 습득하는 것이 아니라 직장에서의 승진이나 개인적인 만족을 위해 습득한다면, 이 복습 리듬은 너무 소모적인 것으로 보일 것이다. 그렇다 하더라도 당신은 정보를 여러 번에 걸쳐 적절한 시기에 복습하는 습관을 길러야 한다. 비록 시간을 정확히 지키지는 않는다 하더라도 말이다.

일반적으로, 학습자료를 뇌가 잘 처리할 수 있게 정리해놓았다면 복습을 포기해도 좋다. 다섯 가지 감각을 전부 이용해서 정보를 받아들이면, 이것은 훨씬 더 강한 인상을 남긴다. 자동 조절장치를 생각해보라. 한쪽에는 복습이 놓여 있고 다른 쪽에는 인상이 놓여 있다면 어떻게 작동하겠는가. 당신이 깊은 인상을 많이 받을수록 복습을 해야 할 필요성은 더욱 줄어들 것이다.

그러나 공부를 하는 데 비교적 오랜 시간이 걸리거나 장기적으로 어떤 시험을 준비하고 있다면, 가능한 한 정확히 이 리듬을 따라야 한다. 지식곡선이 너무 심하게 떨어지도록 내버려두면 안 된다. 지식곡선이 아주 심하게 떨어졌다면 그 지식을 다시 이전의 최고 수준으로 끌어올리는 데는 노력과 시간이 훨씬 더 많이 든다.

기업에서 직원들에게 연수 교육을 시킬 때도 이 리듬을 지켜야 한다. 어떤 연수 교육보다도 공부법을 가르치는 것이 경영학적인 관점에서도 유익하다. '두뇌 전문가'인 토니 부잔은 이것을 계산 사례를 가지고 명확히 설명한다. 만약 50만 유로를 들여 교육을 했는데 24시간 내에 습득한 내용의 80퍼센트가 잊힌다면, 불과 하루 동안 40만 유로가 날아가버리는 셈이다. 물론 사정이 이 정도로 심각한 것은 아니다. 왜냐하면 이런 세미나에서는 새로운 주제에 대한 직원들의 이해력도 높아지기 때문이다. 그러나 한 기업에서의 순수한 정보와 지식의 관점에서 보자면 이 계산 사례는 타당성이 있다.

받아들인 모든 정보를 가능한 한 많이 기억하는 것이 결정적으로 중요해서 이 복습 리듬을 따르려 한다 하더라도, 복습 리듬을 어떻게 실무에 맞게 실행할 것인가 하는 문제가 여전히 남게 된다. 물론 시간계획표를 도입해서 무엇이 어느 시점에 학습되었는지 기록하고 그 후에 복습시간을 정하려고 노력할 수도 있을 것이다. 그러나 여기서는 전체적으로 올바로 파악하기가 거의 불가능하다.

많은 경우에 다섯 칸으로 된 복습상자가 권장된다. 복습을 한 후에는 매번 정보가 담긴 색인카드들이 한 칸씩 뒤로 밀려가서 마침내 마지막 칸에 도달하게 된다는 것이다. 그러나 이것은 효과적인 복습 리듬을 위해서는 부적당한 것으로 밝혀졌다. 사람들은 어떤 정보가 어느 시점에 복습되었는지 전체적으로 파악하지 못한다. 동일한 칸에 하루 전, 이틀 전, 어쩌면 일주일 전에 마지막으로 복습되었을지도 모르는 정보가 담겨 있는 것이다.

이미 지적했듯이, 어떤 식으로든 복습을 하기만 하면 되는 것이 아니라, 올바른 시점에 하는 것이 중요하다. 당신이 지식 곡선을 너무 심하게 떨어지게 만들면, 그 지식을 다시 최고 수준으로 끌어올리기 위해서는 훨씬 더 많은 시간이 필요하다.

그 외에도 색인카드를 이용해서는 효과적인 지식 관리가 이루어질 수 없다. 대학생과 직장인에게는 A4 용지로 된 마인드맵이 훨씬 더 적합하다. 이 때문에 나는 독자적인 복습시스템을 고안해냈다.

복습 폴더를 이용한 복습법

복습 폴더를 이용하면 때를 놓치지 않고 정보를 복습할 수 있다. 이 폴더는 열두 칸으로 되어 있으며 매일 두 칸을 사용하도록 배정되어 있다. 월요일에는 '월요일 1'과 '월요일 2' 칸이 있고, 화요일에는 마찬가지로 '화요일 1'과 '화요일 2' 칸이 있다.

다음 지시사항을 읽어나갈 때 혼동을 일으키지 말기 바란다. 이 방법을 말로 설명하는 것은 실행으로 옮기는 것보다 훨씬 더 까다롭다.

당신이 월요일에 책상 앞에 앉아서 공부를 시작한다고 가정하자. 공부시간 동안 당신은 이제 구조와 중요한 키워드들을 시간을 아끼며 마인드맵에 적어 넣는다. 휴식을 마치고 나서 다음 공부시간을 시작할 때 메모된 키워드들을 이용해서 학습 자료를 재빨리 복습할 수 있다.

이것으로 첫 번째 복습을 마쳤다. 여러 시간에 걸쳐 공부한 내용들을 나중에 하루의 어느 시점에 모아서 한꺼번에 복습해도 좋다. 다음 복습은 하루 후에 해야 한다. 이 때문에 메모는 첫 번째 복습을 마친 후에 '화요일 1' 칸에 넣는다. 마찬가지로 당신이 화요일에 작성하는 메모는 그날의 복습을 마친 후에 '수요일 1' 칸에 넣는다.

당신이 보통 월요일에서 금요일까지 공부한다면, 금요일의 새 메모는 곧장 '월요일 1' 칸으로 들어간다. 비록 여기서는 두 번째 복습이 약간 지연되기는 하지만, 그 대신 주말이 자유롭다. 당신이 어떤 테마에 관해 마인드맵을 작성하지 않고 머릿속에 만들어놓았다면, 해당 부분을 환기시키는 글을 종이에 기록해서 폴더에 넣어두면 된다. 그러나 이렇게 할 때는 텍스트의 키워드를 눈에 띄게 표시해두어서, 시간을 아끼며 복습할 수 있어야 한다. 앞으로 직렬 문장 전체를 형광펜으로 밑줄 치는 일은 피하도록 하라. 이것은 기억능력을 떨어뜨린다. 결정적인 키워드만 중요하다.

당신이 하루 뒤에, 즉 화요일에 책상 앞에 앉게 되면 '화요일 1' 칸에서 전날의 학습자료를 발견할 것이다. 당신은 이 자료를 정확히 하루 후에 복습하는 것이며, 이로써 두 번째 복습을 성공적으로 마치는 셈이다.

만약 하루의 어느 시간에 자신의 능력이 최고치와 최저치에 이르는지 알고 있다면 '능력이 더 떨어지는 시간'을 복습시간으로 정해놓으면 된다. '능력이 더 올라가는 시간'은 새로운 자료를 정리하는 데 사용한다.

다음 복습은 1주일 후에 해야 하며, 따라서 다음 화요일이 된다. 두 번째 복습이 끝나면 메모를 '화요일 2' 칸에 넣는다. 이 때문에 하루마다 두 칸이 배정되는 것이다. 그래야 일일복습과 주간복습을 엄격히 구분할 수 있고, 뒤죽박죽되지 않는다. 이제 정확히 일주일 후인 다음 화요일에 다시 이 메모와 마주하게 될 것이다. 이것은 세 번째 복습이다.

다음 주 화요일에 '화요일 1' 칸에서는 또한 전날(월요일) 작성한 새로운 정보도 발견하게 될 것이다. 이것으로 가장 중요한 복습들도 끝마쳤다. 이것이 중요한 이유는 이 처음 세 번 복습을 하는 시점에 매번 지식곡선이 심하게 떨어지기 때문이다.

이제 최선의 결과를 위해 그다음의 복습들을 수행할 것인지는 각자 마음먹기에 달렸다. 네 번째 복습은 한 달 후에 해야 한다. 이것은 일주일의 자료들을 모아서 그것을 약 4주 후에 한꺼번에 복습하는 것으로 충분하다.

이것을 위해 네 개의 낱장이 달린 바인더를 준비하라. '화요일 1' 칸의 메모는 바인더의 첫 장으로 옮겨진다. 이 '바인더 첫 장'에는 그다음 며칠 동안 '수요일 2' '목요일 2' '금요일 2' 칸의 메모들, 그리고 경우에 따라 당신이 주말에도 공부를 한다면 '주말 2' 칸의 메모도 들어간다.

다음으로 그다음 주의 모든 메모는 '바인더 둘째 장'에 들어간다. 다섯 번째 주의 메모들에 대해서는 바인더 낱장이 마련되어 있지 않기 때문에 이것은 다시 '바인더 첫 장'에 들어간다. 그러나 그 전에 이 장에 들어있던 메모들을 꺼내서 복습을 마친다. 이렇게 하면 당신은 한 주의 학습 자료를 세 번째 복습을 마친 지 정확히 한 달 후에 네 번째로 복습하는 것이 된다. 이 네 번째 복습을 위해 일주일 중 어느 하루에 약간의 시간을 잡아두어야 한다.

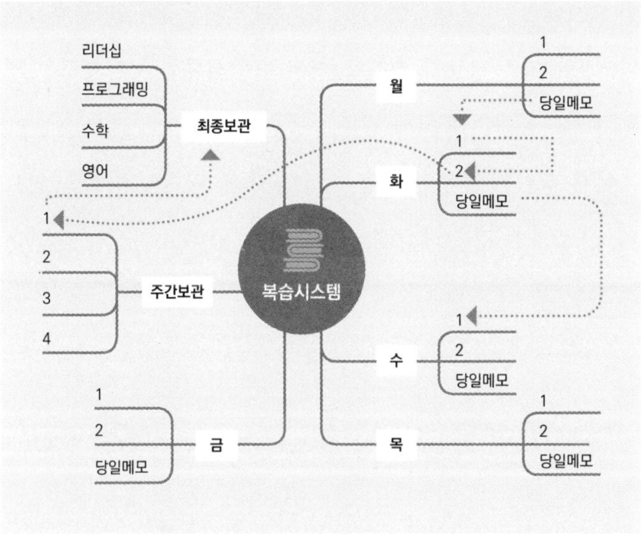

이 복습을 마친 후에 당신은 어쩌면 갖가지 분야에서 뒤섞여 있을지도 모르는 메모들을 과목별로 정리해서 서류함에 꽂아두어야 한다.

당신은 각각의 학습자료가 어떤 과목에 속하며, 직장이나 연수 교육을 위해 어떤 분야를 끝마쳐야 하는지 스스로 알고 있을 것이다. 세부사항을 공부하기 전에 이러한 서류함의 구조를 작성하라. 6개월마다 이 서류함을 재빨리 훑어보는 것으로 복습을 할 수 있다(다섯 번째 복습). 특히 마인드맵인 경우에는 용지 위의 중심 그림을 한 번 보는 것으로 모든 세부사항들을 기억 속으로 다시 불러들이기에 충분하다는 장점이 있다. 다음의 마인드맵에는 정보가 폴더를 거쳐 최종서류함으로 향하는 경로가 일목요연하게 나와 있다.

이제 당신이 공부한 내용은 기억 속에 단단히 자리 잡았으며, 꼭 필요한 경우 마음대로 사용할 수 있다고 확신해도 좋다.

Lesson 04

오감을 단련하는 훈련들

이미 약속했듯이 당신은 이제 자신의 오감뿐 아니라 기억력과 집중력도 단련할 수 있는 또 다른 수단들을 얻는다. 당신의 일상생활에 아주 쉽게 끼워넣을 수 있는 한 가지 연습은 이름과 얼굴을 기억하는 것이다.

이름과 얼굴 기억하기

많은 사람이 남의 이름을 잘 외우지 못한다고 믿어버린다. 그러나 기억력 그 자체가 나쁘다는 것은 터무니없는 말이다. 어떤 사람들은 뇌를 더 효과적으로 이용하고, 다른 사람들은 덜 효과적으로 이용할 뿐이다. 연구자들은 짧은 시간에 아주 많은 이름을 외울 수 있는 사람들을 분석해보았다. 이제 그 결과를 단계적으로 하나씩 살펴보자.

당신이 어떤 이름을 그 사람의 얼굴과 확실히 하기 위해서는 그 전에 이름을 올바르게 받아들여야 한다. 이름을 주의 깊게 잘 듣고 그 소리가 '귀에 쟁쟁하게 울리도록' 세심하게 주의를 기울여라. 필요하면 다시 한 번 물어보라. 이것은 그 사람에 대한 관심과 공손함을 보여준다. 아울러 그 이름에 대한 첫 번째 복습도 이미 끝마쳤다. 추가 복습을 위해서는 상대방의 이름을 적절한 대목에서 대화에 끼워넣으면 된다.

이제 이 사람의 두드러진 특성을 잘 살펴보라. 얼굴에 특이하거나 유별난 특성이 있는가? 코, 입, 입술 등의 형태에서 어떤 두드러진 점이 있는가? 어쩌면 눈썹이 짙거나 곱슬머리이거나 수염이 독특한 형태인 것이 즉각 눈에 띌 것이다. 만화가가 캐리커처를 그리는 것처럼 그것을 과장해서 표현하라. 그렇게 하면 관찰력이 향상된다. 시간이 좀 지나면 모든 사람에게서 어떤 특이한 점을 알아차리는 것이 쉬워질 것이다. 그러나 그렇게 하려면 연습이 필요하다.

처음에 아무런 얼굴 특성도 두드러져 보이지 않는다면, 다른 어떤 것을 고르면 된다. 어쩌면 상대가 특이한 넥타이를 하고 있거나 이상한 모자를 쓰고 있을 것이다. 그렇지 않다면 안경, 귀걸이 혹은 목걸이를 실마리로 삼도록 하라. 이 특성은 물론 다음번에 만날 때는 바뀔 수도 있다. 새빨간 머리를 한 어떤 부인이 다음 날에는 금발을 하고 나타날지도 모른다. 당신에게는 이러한 세부사항이 최초의 접근수단으로서만 필요할 뿐이다. 이것을 실마리 삼아 추가 정보를 연결시킬 수 있다.

당신은 대화를 나누는 동안 이 '연상의 닻'에 자신도 모르는 사이에 많은 정보를 연결할 것이다. 예를 들면 목소리의 음색, 자세, 대략적인 나이, 전체적인 겉모습 등이다. 그러므로 상대의 특이한 점은 하나의 접근법으로 이용될 뿐이다. 그 후에는 그 사람의 이름에 관해 명확하고 구체적인 생각을 떠올리도록 하라. 많은 이름은 이름 자체로 선명한 표상을 직접 만들어낸다.

엔젤Angel 부인이나 스톤Stone 씨를 만난다면, 당신은 이미지를 만들어내기 위해 고민할 필요도 없다. '천사'와 '바위'가 자동으로 떠오른다. 직업과 관련이 있는 성을 들어도 이미지는 쉽게 떠오른다. 슈나이더(독일어로 '재단사'라는 뜻) 씨나 피셔(독일어로 '어부'라는 뜻) 부인을 만나면 당신은 가위나 낚싯대를 떠올릴 것이다.

선천적으로 이름을 아주 잘 기억하는 사람들은 이 과정을 무의식적으로 거친다. 이들은 이러한 행동방식에 본능적으로 익숙해졌으며, 의식적으로 어떤 이미지를 연결할지 고민할 필요도 없다. 그래서 이들은 어떤 식으로 이름을 기억하는지 물어봐도 설명할 수 없었던 것이다. 그러나 당신은 이제 연구 조사 덕분으로 어떻게 하면 단계적으로 이름에 대한 기억력을 향상시킬 수 있는지 알고 있다.

이 분야에도 이 수법을 너무나 집중적으로 훈련해서 상상을 초월한 기억력을 발휘하는 사람들이 있다. 특히 미국에서는 텔레비전에 기억술사가 등장해서 객석을 500명 이상의 방청객으로 채운다. 이 방청객들은 한 사람씩 잠깐 일어나 자신의 이름과 성을 말하고 나서 다시 앉는다. 그 후에 기억술사는 500명의 방청객 전체에 대해 차례대로 이름을 호명한다. 이 기억술사들에 대한 기사 내용을 읽어보면, 이들도 처음에는 이름을 외울 수 있는 특별한 능력을 가지지 않았다는 사실을 알 수 있다. 오히려 그 반대의 경우가 더 빈번했다. 능력이 부족했기 때문에 이들은 기억술에 몰두했던 것이다.

다양한 기억술 시스템

텔레비전에는 카드 여러 벌을 전부 외우거나 여러 자리 숫자들을 기억할 수 있는 사람들도 끊임없이 등장한다. 일반 시청자들은 그러기 위해서는 특별한 재능이 필요할 것이라고 생각한다. 그러나 그렇지 않다. 다음의 기억술 시스템을 이용하면 누구나 그런 재주를 쉽게 익힐 수 있다.

방대한 지식 분야를 학습하는 데 기억술 시스템이 항상 적합한 것은 아니다. 이 기법은 우리가 개별정보, 예를 들어 쇼핑목록처럼 직렬 형태로 기억해야 할 때는 대단히 유용하지만, 비교적 복잡한 테마는 이 기법으로는 제대로 처리할 수 없다. 여러 책에서 이 기법이 유용한 것처럼 소개하지만 그냥 무시하고 넘어가면 그만이다. 나는 한동안 세계 기억력대회에 참가하는 사람들을 훈련시킨 적이 있는데, 그때 그 한계를 철저히 시험해보았다.

그러나 이 기억술 시스템은 공부를 하는 데 중요한 두 가지 원칙을 기반으로 한다. 그것은 바로 새로운 정보를 기존의 것과 연결하는 것(연상)과 오감을 모두 투입하는 것(공감각)이다. 이 때문에 이 시스템을 익히는 것은 감각을 단련하기 위한 최고의 훈련이 된다. 우리는 이것을 통해 기억력 수준을 무의식적 능력으로 옮겨놓을 수 있다.

막대 리스트

막대 리스트는 아주 간단한 시스템으로 되어 있다. 1에서 10까지의 숫자들이 새로운 지식을 연상적으로 연결시키기 위한 지식그물망으로 사용된다. 이것을 위해서는 숫자들이 먼저 그 형태에 의거해서 구상적으로 바뀌어야 한다.

숫자 1을 보면 우리는 막대를 떠올리게 될 것이다. 막대가 이 리스트에서 첫 번째 표상이기 때문에 나는 이 리스트를 막대 리스트라고 이름 붙였다. 숫자 2는 형태상 백조를 떠올리게 해준다. 3을 왼쪽으로 90도 돌리면 아이들이 새를 그린 것 같은 모습에 가깝다. 4는 요트를 생각나게 해주고, 5는 외바퀴 자전거를 떠올리게 한다. 6은 호루라기 모양이고, 7은 깃발을 떠올리게 해준다. 8은 눈사람이 될 것이다. 9는 긴 코가 달린 코끼리 머리처럼 보이며, 10은 뚱뚱이와 홀쭉이를 연상시킬 것이다. 당연히 이 숫자들에 대해 또 다른 다양한 표상들도 떠오를 것이다. 1은 양초나 연필을 나타낼 수도 있다. 혹은 7에서 즉각적으로 언덕을 떠올리거나, 8에서 롤러코스트 나 모래시계를 생각할지도 모른다.

이제 당신이 각 숫자들에 대해 자동으로 해당 표상을 떠올리고, 반대로 각 표상을 즉각 숫자로 바꿀 수 있을 때까지 이것들을 외우도록 하라. 필요하면 색인카드를 사용해도 좋다.

루트 방법

마지막으로 루트 방법을 소개한다. 고대 로마의 키케로 같은 위대한 연설가들은 몇 시간이나 걸리는 긴 연설을 머릿속으로 외우기 위해 이 루트 방법을 사용했다.

먼저 머릿속에 특정한 장소의 경로를 만든다. 예컨대 직장으로 출근하는 길을 고를 수 있다. 그 길에 있는 인상적인 장소들을 고르고, 머릿속에서 여러 번 차례대로 지나가는 것으로 그 장소들을 잘 기억하도록 하라. 이제 당신은 강연을 위한 중요한 키워드들이나, 아니면 예를 들어 대통령들에 대한 표상을 이 각각의 장소와 연결하면 된다. 만약 당신이 자신의 연설을 떠올리고 싶다면, 머릿속에서 자신의 루트를 따라가면서 연결된 표상들을 기억 속으로 불러들이도록 하라.

출근길 대신 자신이 사는 집이나 건물의 공간들을 가로지르는 길을 선택해도 된다. 각 방에서 몇 가지 가구나 물건을 고르고 머릿속에서 그것들 앞을 특정한 순서대로 살펴보면서 지나가도록 하라. 각 공간에서 더 많은 방과 물건을 외울수록 당신은 더욱 많은 '옷걸이'를 사용할 수 있다. 당신의 집이 이렇게 하기에 너무 작다면 머릿속에서 아주 멋진 궁전을 만들어놓고, 그곳을 점차 방과 물건으로 채워넣으면 된다.

카드 한 벌을 전부 외우는 사람들도 각 카드에 대해 특정한 시스템을 이용해 어떤 구체적인 표상을 마음속에 새긴 후에 이것을 자신의 루트 방법에 나오는 대상과 하나씩 차례로 연결하는 것뿐이다. 그 후에 카드들을 올바른 순서대로 암송할 때, 머릿속에서 그 루트를 차례대로 지나가며 각 카드의 표상을 순서에 따라 불러온다.

나는 이 루트 방법도 감각을 단련하기 위한 훈련으로 간주한다. 그렇지만 이것을 조금만 변형시키면 보이지 않는 메모장으로 사용할 수도 있다. 당신이 언제든지 갖춰놓고 있는 아주 간단한 루트는 자신의 신체 루트다. 당신의 몸을 위에서 아래로 차례로 훑어내려가도록 하라. 루트 지점으로는 다음의 신체 부위를 사용하면 된다.

예를 들어, 이 신체 리스트를 가령 조깅을 할 때 투입할 수 있다. 순간적으로 떠오르는 착상을 절대 잊어버리지 않기 위해서는 그 착상을 순서에 따라 신체 부위와 연결하면 된다. 어쩌면

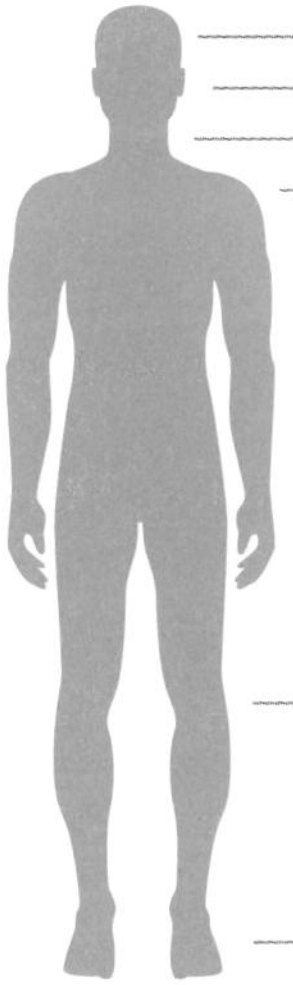

갑자기 업무보고서 제출기한이 이미 지났다는 생각이 다시 떠오를지도 모른다. 그 다음으로 당신은 프레젠테이션을 위해 매직펜을 시급히 구해야 하며, 테니스 강습을 받기 위한 신청서도 보내야 한다는 생각이 떠오른다.

그럴 때 당신은 자신이 머리카락 대신 갑자기 종이 가닥을 머리에 달고 있다고 상상하라. 벌어진 입에서는 치아 대신 순전히 작은 펜들만 들어 있는 모습을 그려보고, 목에는 테니스채 모형이 달린 목걸이를 걸어두었다고 상상하면 된다. 나중에 당신이 필기구와 메모지를 구하게 되면 신체 리스트를 차례대로 떠올리며 착상을 옮겨적을 수 있다.

이러한 행동방식은 세미나에서 참가자들이 다섯 가지 질문을 동시에 할 때도 적합하다. 각 질문을 키워드로 요약해서 이 신체 리스트에 걸어두면, 나중에 힘들이지 않고 순서에 따라 대답할 수 있다. 전화 통화를 할 때도 이와 똑같이 중요한 내용을 책상 위에 놓인 물건과 연결시키고, 그 내용을 통화가 끝나면 그곳으로 다시 불러올 수 있다.

지금까지 살펴보았듯이 기억력을 훈련하는 수단은 무수히 많다. 이것들을 통해 당신의 학습 능력 수준을 점점 더 무의식적 능력으로 옮기도록 하라. 이렇게 하면 자연적으로 좋은 기억력을 갖게 된다. 이런 수법을 전혀 쓰지 않더라도 가능하다.

Lesson 05

공부법을 완성하는 시간관리 전략

시간을 올바로 관리하는 것은 공부뿐 아니라 전반적으로 대단히 중요한 의미를 지닌다. 시간을 올바로 다루는 것은 모든 활동을 위한 기반이 되기 때문에 나는 공부에만 국한해서 설명하지는 않을 것이다. 자신의 시간을 잘 이용한다면 공부를 위한 시간도 충분히 얻게 될 것이기 때문이다.

우리는 "시간이 없어"라는 말을 얼마나 자주 듣는가. 그러나 사람은 누구나 하루에 똑같이 24시간 혹은 1,440분을 사용한다. 다만 시간 감각은 모든 사람에게 있어 서로 다르다. 여가활동을 할 때는 시간이 금세 지나가는 반면, 치과병원 대기실에서 기다리는 5분은 몇 시간처럼 길게 느껴지기도 한다.

시간은 다른 자산에 비해 몇 가지 특수성을 가지고 있다. 당신은 시간을 절약할 수도 저장할 수도 없다. 시간은 또 아주 공평하게 분배되어 있다. 아무도 돈을 주고 수명을 5분 더 연장시킬 수 없다. 시간은 되돌릴 수 없게 꾸준히 흘러간다. 그런데도 우리는 시간을 낭비하는 것에 대해 그다지 염려하지 않는다.

많은 책에는 자신의 나이를 기준으로 평균 기대수명을 초 단위로 산정할 수 있는 연습이 실려 있다. 이것은 약간 섬뜩하게 느껴진다. 이 수치는 결코 우리가 기대했던 것만큼 커 보이지 않는다. 이제 우리는 시계의 초침을 들여다보며 연습 종이에서 매번 1초씩 뺄 수 있다.

이 연습은 시간을 대하는 우리의 태도를 민감하게 해준다. 당신은 시간을 돈보다 더 소중하게 여기는가, 그 반대인가? 아니면 시간은 돈과 같은 가치를 지니는가? 당신이 여가시간을 포기하기 위해서는 시간당 얼마의 돈을 받아야 하는가?

나는 시간관리의 기본 원칙을 독자적인 시간사이클로 요약했다. 이 원칙들은 시간을 성공적으로 관리하기 위해 결정적으로 중요한 것들이다. 시간관리가 생활을 옥죄고 얽매는 것

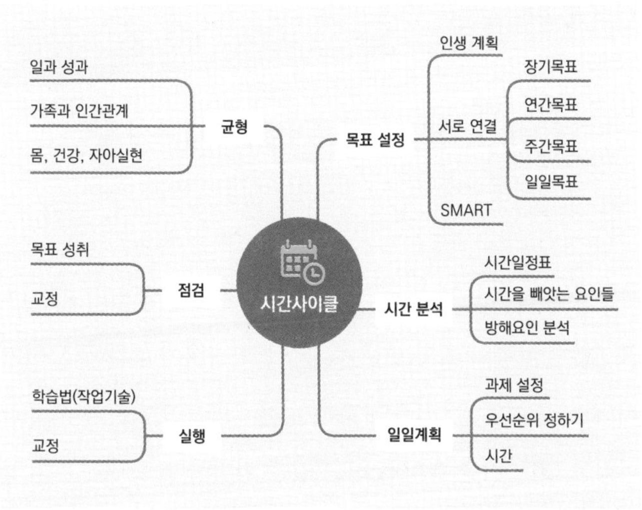

은 아닐까 하고 염려할 필요는 없다. 시간관리의 목적은 오히려 일하는 시간을 효율적으로 관리해서 여가를 즐길 수 있게 해주는 것이다.

시간의 주인이 되는 단계별 목표 설정법

목표는 모든 활동의 척도가 되어야 한다. 아무런 목표가 없다면 어떤 활동을 하든 똑같이 유익하다. 그러니 하루 종일 소파에 누워 지낸다고 해서 안 될 이유가 어디 있겠는가. 마크 트웨

인의 유명한 격언이 있다.

> "목표를 시야에서 완전히 놓쳐버리고 나면 우리는 두 배로 더 노력해야 한다."

목표 없이는 아무리 좋은 공부법도 별 도움이 되지 않는다. 왜냐하면 행동의 최종 상태가 계속 불확실하기 때문이다. 여기서는 효율성과 실효성을 구분하는 것이 매우 중요하다. 효율적이라는 것은 일을 올바로 하는 것을 의미한다. 반면에 실효성은 올바른 일을 하는 것을 말한다.

목표를 세울 때도 당신의 인생 계획에서부터 시작해야만 한다. 왜냐하면 이것은 가장 먼 목적지이기 때문이다.

다음과 같은 질문에 스스로 답해보라.

> '내 인생에서 진정 중요한 것은 무엇인가?'
> '나는 최종적으로 무엇을 얻고 싶은가?'

우리는 인생에서 어떤 가치가 소중한지 알아야만 하기 때문에 이런 질문에 대답하는 것은 항상 쉽지는 않다.

당신의 가치관이 당신이 행동하는 기반이 된다. 당신의 가치관은 출세인가? 아니면 남들의 인정, 사회적 유대, 개인의 자유 혹은 사회적 참여인가? 실현할 수 있는 이러한 가치에 대한 목록은 얼마든지 더 들 수 있다. 당신에게 가장 우선적인 것은 무엇인가?

이 문제를 해결하는 데 도움이 되는 연습이 하나 있다. 당신이 80회 생일을 맞이했다고 생각해보라. 이제 당신 인생의 각 분야에서 연사들이 등장해서 당신의 업적에 관해 보고한다. 당신은 어떤 말을 듣고 싶은가? 이것이 당신의 인생 계획이다. 이것은 당연히 최종적인 것이 아니며, 앞으로 살아가는 동안 계속해서 더 낫게 발전할 것이다.

지금 현재의 목표 설정에 있어 이 인생 계획은 결정적으로 중요하다. 여기서 시작해서 당신은 이제 장기적인 중간목표를 설정해야 한다. 당신은 앞으로 5년 후, 10년 후에는 무엇을 성취하고 싶은가? 이때 목표끼리 충돌이 생기지 않도록 직업상의 목표와 개인적인 목표를 구분하도록 하라. 야간대학을 다니면서 동시에 가족과 더 많을 시간을 보내기를 바랄 수는 없을 것이다. 다음으로 이 장기적인 목표에서 다음 해에 실행할 중간목표들이 생겨난다. 당신은 이 연간목표에서 다시금 다음 주에

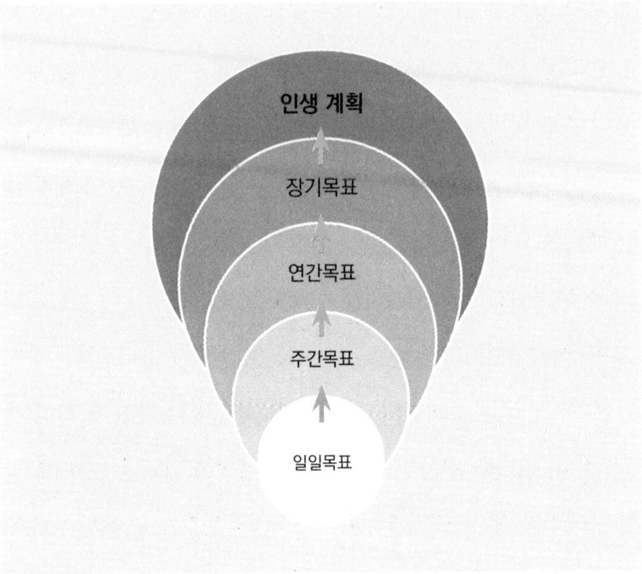

처리해야 할 목표를 끌어낼 수 있다. 다음으로 이 주간목표에서 구체적인 일일목표가 생겨난다.

이 각 단계 목표들을 서로 연결하는 것이 대단히 중요하다. 일일목표는 주간목표의 일부가 되어야 하며, 이것은 다시 연간목표의 일부가 되어야 한다.

중요한 것은 각 목표를 글로 적어두어야 한다는 점이다. 그러지 않으면 이 목표들은 당신에게 큰 도움이 되지 않을 것이다. 여기에 대해서도 전해지는 속담이 하나 있다. "눈에서 멀어지면 마음에서도 멀어진다."

그런데 당신이 그렇게 할 시간이 없다고 믿어버린다면, 이 연습은 더더욱 중요하다. 이 책으로 훈련을 하게 되면 더 많은 시간을 자유롭게 사용할 수 있다. 벌목꾼 이야기를 기억하라. 특히 장기목표는 학습의욕을 고취시키는 데 결정적으로 중요하다. 공부를 통해 성취하려는 장기목표를 머릿속에서 계속해서 생각하게 되면, 사실상 미리 성공을 거두는 셈이다. 당신은 이 목표를 성취해야겠다는 강한 의욕이 일어나는 것을 느낄 것이다. 왜냐하면 뇌는 생각 속의 일과 실제 일을 구분하지 못하기 때문이다. 그렇지만 생각하는 강도와 그 생각과 결부된 느낌은 대단히 중요하다.

지금 당신이 크고 노란 레몬을 손에 들고 있다고 생각해보라. 레몬을 식탁으로 가져가 칼로 반을 가른다. 한쪽을 코로 가까이 가져가 냄새를 맡아본다. 새콤한 레몬 냄새가 난다. 과즙이 흘러나와 손가락을 타고 흐른다. 이제 혀로 과육을 건드려보고 그 다음엔 레몬을 힘차게 깨문다!

당신은 이 짧은 이야기를 모든 감각을 동원해서 강렬하게 체험했는가? 그렇다면 당신의 입안에 침이 흥건히 고이지 않았는가? 왜냐하면 뇌는 당신이 실제로 레몬을 깨무는지, 단지 강렬하게 생각해보는 것뿐인지 구분하지 못하기 때문이다.

당신이 학습목표를 성취하는 것을 머릿속으로 생각해보는 것은 자신의 뇌에게 나아가야 할 방향을 제시하는 것이나 다름없다. 뇌는 이런 생각 속의 목표들도 실현하려는 경향이 있다. 중간목표들 또한 당신의 의욕을 고취한다. 왜냐하면 대뇌변연계는 그것을 통해 반드시 필요한 판단의 기준을 얻기 때문이다. 마라톤 효과를 기억하라.

다시 한 번 집중력으로 돌아가 보자. 우리는 자신의 집중력을 모아서 한 지점으로 향하게 하는 것이 결정적으로 중요하다는 것을 살펴보았다. 그렇지만 만약 우리가 아무런 목표도 없다면, 이 지점이 어디가 되어야 한단 말인가?

당신이 감각적 인상들의 극히 일부분만 의식적으로 지각할 수 있다는 사실도 앞에서 이미 언급했다. 당신이 어떤 정보를 지각하는지는 당신의 '필터'에 달려 있다. 다음과 같은 상황을 상상해보라.

당신은 새 자동차를 주문하기 위해 자동차 대리점에 들어선다. 당신은 마침내 빨간색 모델을 사기로 결심한다. 대리점 밖으로 나오자 갑자기 빨간 자동차들만 눈에 들어온다. 다른 빨간 물건들도 모두 눈에 두드러져 보인다. 당신은 즉각 돌아가서 녹색 모델을 사기로 결정한다. 대리점을 나설 때 이제 당신에게는 주로 녹색 자동차들이 눈에 띌 것이다. 왜냐하면 주의력을 무의식적으로 주로 녹색 물건으로 돌리기 때문이다.

이것은 목표를 설정하는 것을 통해 얼마나 빨리 필터를 바꾸는지를 보여준다. 당신은 갑자기 목표와 관련된 정보를 더 적극적으로 받아들이게 될 것이다.

이제 목표를 정하고 싶은 의욕이 충분히 고취되었을 것이다. 당신의 목표들이 스마트SMART하도록 신경을 써야 한다. 그 목표들은 구체적이고Specific, 측정 가능하고Measurable, 실현할 수 있으며Action-oriented, 현실적이고Realistic, 기한을 정할 수 있어야Time-bounded 한다. 공허한 소망을 내보이지 말고, 목표들을 가능한 한 구체적이고 세밀하게 꾸미고 계획 하나하나에 엄격한 기준을 부여하라. 이러한 장래 목표들은 당신의 의욕을 고취하기 위한 것이지만 현실을 벗어나서는 안 된다.

우리는 항상 자신이 한 달 내에 성취할 수 있는 모든 것을 과대평가하고, 1년이 지나야 가능한 것은 과소평가한다. 마지막으로 당신은 목표를 성취할 시점과 중간목표를 정해야 한다. 그래야만 자신이 잘해내고 있는지 가늠할 수 있다. 그리고 중간목표를 의식적으로 확인 점검하는 것보다 더 큰 의욕을 불러일으키는 것은 없다.

시간 도둑을 제거하는 시간기록표 작성법

실제의 시간과, 시간에 대한 주관적인 느낌은 종종 상당히 차이가 난다. 당신이 무엇을 하는 데 얼마의 시간을 소모하는지 명확히 파악하도록 하라. 공부를 하는 며칠 동안 시간기록표를 작성해서 지금까지의 시간 분배를 면밀히 살펴보고 드러나는 결점에 대한 원인을 찾아내야 한다. 그러기 위해서는 자신의 하루 일과 전체를 최대한 빠짐없이 적어놓아야 한다.

이 시간기록표를 작성하기 위해서는 두 칸으로 나눈 종이가 필요하다. 왼쪽 칸에는 활동을, 오른쪽 칸에는 당신이 언제부터 언제까지 그 일을 했는지 시작 시간과 종료 시간을 기입한다. 휴식시간이나 헛되게 보낸 시간도 빠짐없이 적어넣는 것을 잊어서는 안 된다. 정확히 기록할수록 이 표에서 더 많은 이득을 얻게 될 것이다.

당신은 자신이 여러 일을 블록으로 만들고 서로 연관된 것을 또한 함께 처리하기 시작한다는 사실을 깨닫게 될 것이다. 여기저기 적어넣는 일이 귀찮아서라도 당연히 그렇게 하게 된다. 이것은 또한 효과적인 작업 편성을 위해서도 중요하다. 왜냐하면 잠깐의 전화 통화, 메시지, 메일 확인 등을 그 즉시 처리하게 되면 상당한 시간이 허비되기 때문이다.

동일한 종류의 과제들을 하나의 블록으로 통합하면 이 진행 과정을 한 번만 준비하면 되며, 동일한 종류의 활동에서 벗어나지 않게 된다. 그러므로 당신은 집중적으로 일을 진행하는 것을 통해 시간을 절약하는 것이다.

원한다면 시간기록표에 칸을 하나 더 만들어서 '사유 제시'라는 제목을 적어 넣도록 하라. 당신은 몇 가지 일에 대한 근거를 별도로 따져보아야 하기 때문에 그것들에 관해 철저하게 생각하기 시작할 것이다.

이 시간기록표에 대한 평가를 내려보라. 동일한 종류의 활동들을 블록으로 묶고 거기에 소요된 시간을 각각 기입하라. 여기서 나온 결과에서 어떤 점이 놀라운가? 특별히 눈에 띄는 요인이 있는가? 시간기록표를 평가할 때 결정적으로 중요한 것은 이렇게 시간을 분배한 것이 자신의 목표와 합치될 수 있는지 따져보는 것이다. 경우에 따라서는 어떤 점을 고쳐야 하는가?

다음으로 시간을 낭비하게 만드는 요인을 찾아내도록 하라. 당신은 누구 혹은 무엇 때문에 주로 시간을 뺏기는가? 가장 보편적인 것은 예고 없는 방문, 전화로 인한 방해, 불필요한 우편물, 수많은 이메일, 소음, 관심 분산, 목표 미정, 잘못된 서류 보관, 무질서, 물건이 수북이 쌓인 책상 등과 같은 것이다. 이 리스트는 사실상 끝이 없다. 이렇게 분석해보는 것으로 어떤 방해가 자신의 시간을 가장 많이 빼앗아 가는지 알게 될 것이다.

일단 이것이 밝혀지면 두 가지 가능성이 있다. 이것을 시정하거나, 아니면 방해가 불가피한 몇 가지 경우에는 아예 그것을 위한 시간을 계획에 포함하는 것이다. 당신은 이 시간 분석을 통해 자신이 시간을 분배하는 일에 더 주의를 기울이게 된다는 사실을 깨달을 것이다. 이제 어떤 일을 하는 데 얼마의 시간이 드는지에 대한 감도 잡았을 것이다. 자신의 목표를 기반으로 해서 매번 다음 날의 계획을 미리 세우는 것이 더욱 쉬워질 것이다.

이 시간 분석은 하루 종일 공부를 해야 하는 경우에도 마찬가지로 중요하다. 며칠 동안 일어난 방해들을 기록으로 남겨라. 이것들을 방해일지에 꼼꼼히 기입해두면, 하루가 끝난 후에 평가를 내리고 효과적으로 공부할 수 있는 시간이 언제인지 정할 수 있다. 당신은 실제로 공부할 시간이 얼마 되지 않는다는 사실을 확인하고서 깜짝 놀랄 것이다. 당신은 어떤 방해에 시간을 가장 많이 빼앗기며, 이것이 피할 수 있는 것인지 아닌지 깨닫게 될 것이다. 그러면 이 분석을 근거로 해서 주요 방해요인들을 제거하는 일이 더 쉬워질 것이다.

이렇게 분석하는 일이 처음에는 또 다른 시간낭비처럼 보이겠지만, 실제로는 시간을 아끼고 더욱 집중해서 공부하는 데 도움을 줄 것이다.

SMART한 일일계획 세우기

계획을 세운다는 것은 목표를 실현하기 위한 준비를 한다는 뜻이다. 우리는 계획을 세우는 데 더 많은 시간을 들이면 그것을 실행하는 데 시간이 더 적게 들고 더 나은 성과를 올리게 된다는 사실을 경험을 통해 알고 있다. 하루를 끝내기 전에 다음 날 계획을 미리 세우는 것이 가장 바람직하다. 다음 날 처리해야 할 일을 글로 적어두면 머릿속도 가벼워진다.

해야 할 일을 목록으로 적는다

다음 날 처리해야 할 일들이 어떤 것들인지 잘 생각해보라. 계획을 세울 때 가장 중요한 원칙은 이번에도 종이에 적어두는 것이다. 이런 식으로 하면 처리해야 할 일을 전체적으로 살펴보게 된다. 글로 기록해둠으로써 자신의 계획에 구속력을 부여하고, 그렇게 해서 자기규율을 강화한다.

이제 당신은 확고한 원칙과 오늘 이행해야 할 구체적인 목표를 가지고 있다. 당신의 계획표에서 처리된 과제를 확인 점검할 수 있고, 이것은 의욕을 확실히 높여줄 것이다. 글로 적어서 계획을 세우게 되면 소요되는 시간을 더욱 효과적으로 산정할 수 있게 된다. 당신은 자신의 일일활동에 대한 기록 자료를 얻게 되고, 이것을 점검해볼 수도 있다. 처리되지 못한 항목은 다음날로 넘기면 되기 때문에 잊어버리지 않는다.

과제를 정할 때 염두에 두어야 할 가장 중요한 질문은 이런 것이다.

"나는 지금 하고 있는 일을 통해 나의 목표에 더 가까이 다가가게 되는가?"

어떤 일에 대해 이런 질문을 할 때 부정적인 답변을 내려야 한다면, 그 일을 빼거나 반드시 필요한 경우에는 거기에 시간을 조금만 할애하라.

우선순위를 정한다

당신이 매일 처리할 수 있는 일은 아쉽게도 한정되어 있기 때문에 우선순위를 정해야 한다. 그래야 날마다 정말로 중요한 과제들을 처리하게 된다. 그것은 당신에게 가장 큰 성과를 올려주는 과제들이다.

여기에 대해 이탈리아의 경제학자 빌프레도 파레토Vilfredo Pareto가 19세기에 만들어낸 파레토 원칙을 살펴보자. 그는 부와 소득의 문제를 연구하다가 사람들의 비율과 부의 액수 사이에 반복해서 나타나는 수학적 관계가 있다는 사실을 발견했다. 즉, 각 나라들에서 항상 전체 인구의 20퍼센트가 재산의 약 80퍼센트를 소유하고 있다는 것이다.

이 현상은 다른 생활 분야에서도 나타난다. 모음의 20퍼센트만 제대로 이용해도 모든 대화의 최대 80퍼센트까지 가능하다. 대기업에서는 고객의 약 20퍼센트가 매상고의 80퍼센트를 올려준다. 마찬가지로 제품의 20퍼센트로 수익의 80퍼센트를 벌어들인다. 종업원 20퍼센트의 결근일 수가 전체의 80퍼센트를 차지한다. 대형사무실 융단 바닥의 마모 정도를 관찰해 보니 바닥의 20퍼센트에서 마모의 80퍼센트가 일어났다는 사실이 밝혀졌다.

이와 똑같이 우리는 적절한 노력을 20퍼센트만 들여도 거의 언제나 거둘 수 있는 성과의 80퍼센트를 올린다. 파레토 원칙에서 퍼센티지의 정확성은 물론 중요하지 않다. 그러나 이 원칙은 노력과 성과 사이의 공통적인 관계를 명확히 보여준다.

여기서 다시 공부로 돌아가 보자. 만약 당신이 시험을 대비해서 공부하고 있다면, 그 분야에서 20퍼센트의 핵심적인 지식을 찾아내는 것이 중요하다. 당신은 이 지식을 이용해서 점수의 대부분을 얻게 될 것이다. 그 이상의 성적을 거두고 싶다면 노력을 약간 더 기울여야 한다.

시간관리에도 이 파레토 원칙이 적용된다. 왜냐하면 우리는 사용하는 시간의 단 20퍼센트로 성과의 약 80퍼센트를 올리기 때문이다. 여기서 'Eat the frog'라는 미국 속담이 생겨났는데, 이것을 의역하면 '매일 가장 중요한 과제로 시작하라'는 뜻이 된다. 여기서 개구리는 가장 힘들거나 거북한 과제가 될 것이다. 이 때문에 사람들은 힘든 과제를 자꾸 뒤로 미루는 경향이 있다. 하루가 시작되는 즉시 이런 과제를 처리하는 습관을 들이면 최대의 성과를 올릴 수 있다.

그러나 우리는 자주 시급하지만 덜 중요한 일을 하는 데 시간을 빼앗긴다. 종종 시급한 과제들 사이에서 이리저리 바삐 옮겨다니는 반면에 중요한 과제를 그냥 남겨두기도 한다. 이렇게 하지 않기 위해서는 과제를 아이젠하워 원칙에 따라 A · B · C 과제로 나누어야 한다. 미국 대통령 드와이트 아이젠하워가 즐겨 사용한 이 원칙은 어떤 과제에 우선권을 줄지 결정할 때 실질적으로 도움이 된다. 우선순위 선정은 중요성과 긴급성이라는 기준에 따라 정해진다. 과제들을 평가하고 그 후에 처리하는 데 있어 네 가지 가능성이 주어진다.

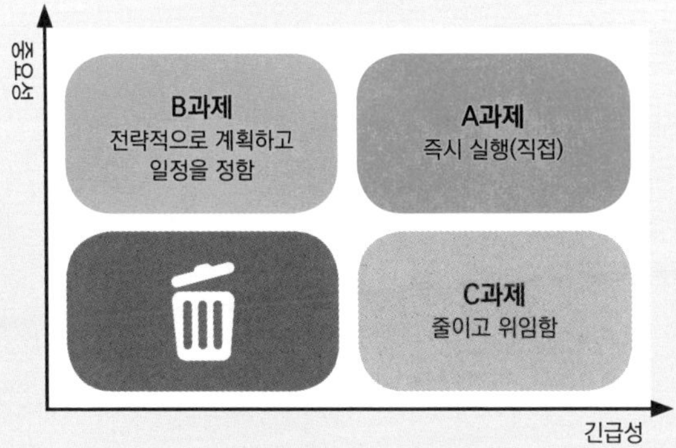

A과제

긴급하고 중요하기 때문에 오늘 내로 처리되어야 하는 과제다. 이 과제를 처리할 때 자주 서두르고 스트레스를 받게 된다.

B과제

긴급하지는 않지만, 중요한 과제다. B과제를 처리하기 위해 정규적으로 시간을 내야 한다. 이 과제를 통해 당신은 목표에 더 가까이 다가가게 된다. 그런데도 이것들은 긴급하지 않기 때문에 종종 뒤로 미뤄진다. 그러나 이것은 조기에 처리해야 많은 문제점을 피할 수 있다. 그러지 않으면 조만간 B과제가 시간에 쫓겨 처리해야 하는 A과제로 바뀌기 때문이다.

C과제

긴급하기는 하지만 중요하지는 않은 과제다. 우리의 목표를 위해 그다지 필요한 일이 아닌데도 긴급하기 때문에 어쩔 수 없이 이 과제에 자주 매달린다. 가능하다면 이런 과제는 남에게 위임하거나 맡지 말아야 한다. 그렇게 함으로써 중요한 B과제를 할 시간을 번다. 그렇게 하지 않으면 B과제는 다른 일들 속에 파묻혀버리고 만다.

★ 중요하지도 긴급하지도 않은 과제들은 고민하지 말고 쓰레기통 속으로 던져 넣자.

각각의 과제에 시간을 정한다

과제들을 올바른 순서대로 정리했다면, 이제 과제들을 하루에 걸쳐 분배하도록 하라. 당신이 며칠 동안 시간기록표를 작성해보았다면, 각각의 활동에 대해 얼마의 시간이 필요한지 파악했을 것이다. 각 과제를 처리하기 위해 일정한 시간을 정해두는 것이 중요하다. 연구자들은 우리가 어떤 활동을 시간이 남아 있는 동안은 최대한 뒤로 미룬다는 사실을 밝혀냈다.

반면에 우리 뇌는 정해진 시간을 최대한 활용하려는 경향이 있다. 하루에 걸쳐 과제를 분배할 때 자신의 개인 능력 곡선도 고려해야 한다. 하루의 평균적인 수행능력은 다음의 그래프와 같은 곡선 모양이 된다.

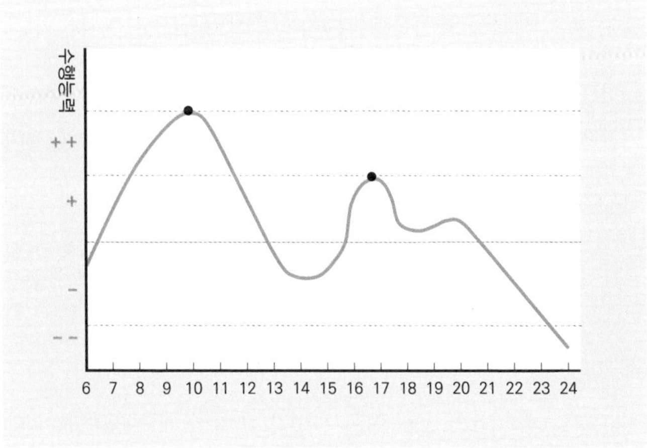

아침형 인간이라면 이 곡선은 흔히 한두 시간 앞으로 당겨져 있다. 아침에 침대에서 빠져나오기 힘들어하는 저녁형 인간이

라면 이 곡선은 그만큼 뒤로 밀려간다. 특히 저녁형 인간에게서는 저녁의 능력 최고치가 오전의 능력 최고치보다 더 높아지는 일도 있다. 이런 사람들은 흔히 밤 10시에서 11시 사이에 능력이 최고조에 이른다.

당신은 며칠 동안 관찰하며 자신의 능력이 하루 중 언제 최고치와 최저치를 기록하는지 알아내야 한다. 이것은 공부를 하는 데도 대단히 중요하다. 어려운 새 자료는 능력이 고조되는 시간에 공부해서 소화해야 한다. 능력이 하락하는 시간은 휴식이나 복습에 활용하도록 하라. 실제로 많은 사람이 능률이 오르는 오전 시간을 볼일을 처리하는 데 허비하고서 정확히 정오의 최저치가 찾아올 때야 책상 앞에 앉곤 한다.

같은 종류의 작업은 블록으로 묶고, 하루 일정 중 최대 60퍼센트까지만 일정을 짜도록 하라. 경험에 의하면 나머지 40퍼센트는 자동으로 채워진다. 이 시간은 예기치 못한 일, 방해, 미뤄둔 일 등을 처리하는 데 사용된다. 그러므로 모든 시간을 꽉 채워 100퍼센트 일정을 짜면, 제대로 지킬 수 없을 것이다.

아직 날짜가 멀리 잡혀 있는 시험을 준비할 때는 공부해야 할 내용을 남은 시간에 맞게 분배하는 것이 관건이다. 예를 들어 사법고시 준비는 최소한 1년에 걸쳐 진행된다. 이런 상황에 처해 있다면 전체 자료의 구조를 파악해야 한다.

시험 때까지 아직 1년이 남아 있다고 가정해보자. 먼저 12개월에 걸쳐 전체 자료를 분배하라. 새 달이 시작되면 그달의 자료를 주별로 나누어 분배한다. 그러면 한 주가 시작될 때마다 주간목표를 달성하기 위해 매일 얼마나 공부를 해야 하는지 확인할 수 있다. 당신의 대뇌변연계는 엄청난 양의 학습자료가 작은 단위로 나누어지기만 해도 즐거워할 것이다.

지금 하고 있는 일을 통해 목표에 가까워지는가

실행에 옮길 때는 오직 한 가지 질문에 집중하라.

"지금 하고 있는 일을 통해 목표에 더 가까이 다가가고 있는가?"

앞의 세 과정에서는 주로 실효성을 높이는 것에 대해 다루었지만 이제는 효율성을 고민해야 한다. 올바른 작업 요령을 이용하면 과제들을 수행할 때 시간을 벌 수 있다. 공부를 해야 하는 경우라면 당신은 이 책에서 학습 과정을 쉽게 해주고 단축시켜주는 여러 가지 수단을 익혔다.

이 책에 나오는 많은 기법, 예를 들어 마인드맵 작성을 프로젝트 계획 수립, 상담, 제품 개발 등에도 적용할 수 있다. 이 기법들을 다른 분야들에도 적용하도록 하라. 이 실행 단계에서는 톱날 효과를 생각하라. 계획에 들어 있지 않은 모든 방해는 작업 리듬을 깰 것이며, 새로 적응할 시간이 필요하게 된다.

계획을 점검하면 구속력이 생긴다

계획이 계획으로만 끝나지 않으려면 계획을 잘 지키는지 정기적으로 점검함으로써 그 계획에 구속력을 부여하라. 점검을 하면 당신은 이정표를 하나씩 지나 장기목표에 다가가는 것을 실감할 수 있다. 이 성공 체험과 이미 처리된 과제들을 확인 점검하는 것을 통해 작업 의욕이 더욱 높아질 것이다.

이때 당신은 꾸준히 자신의 연간목표와 주간목표를 잘 살펴보아야 한다. 별로 좋지 못한 결과들에서 당신은 산 경험을 모으고 앞으로 계획을 세우는 것에 대해 배울 수도 있다. 그럴 때는 적절한 보완책을 강구하라. 자신이 처리해야 할 일들의 우선순위를 잘 지키는지, 사소한 과제들을 블록으로 모으는지, 방해 요인과 시간낭비 요인을 제거하는지 꾸준히 점검하라. 혹은 급해서 어쩔 수 없이 그 일에 매달리고 있는지도 잘 살펴보라. 일정한 기간마다 주기적으로 하루 동안 시간 분석과 방해 요인

분석을 실시해서 개선해야 할 사항들을 확인하라.

세 가지 핵심 분야에서 균형을 유지하라

지금까지는 '일과 성과'라는 생활영역을 중점적으로 다루었다. 그러나 당신은 생활의 다른 분야에도 관심을 기울여야 하며, 아껴 모은 시간을 더 많은 일을 하는 데만 사용해서는 안 된다.

세 분야에서 조화를 이루어야 한다. '일과 성과'라는 이 첫 번째 분야는 이미 여러 번 언급했다. 이것은 합격, 직장, 추가교육, 출세, 성공, 돈과 관련된 것이다. 그러나 이 분야를 지나치게 중요시하고 나머지 두 분야에 시간을 할애하지 않는다면,

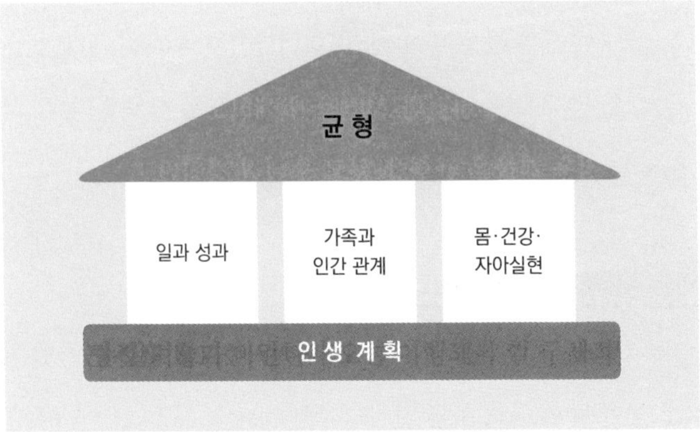

조만간 성과를 올릴 수 없게 될 것이다. 몸의 건강과 마음의 열정을 잃는 탈진 증상은 다른 생활영역을 등한시하기 때문에 생기는 것이다.

두 번째 분야는 '가족과 인간관계'다. 가족, 친구들과의 친밀감을 돈독히 하는 것이 여기에 속한다. 연구자들은 사회적 네트워크에 편입되는 것도 스트레스를 막는 좋은 방법이라는 사실을 밝혀냈다. 이 영역을 잘 돌보면 당신은 스트레스에 더욱 강해지게 된다.

세 번째 분야는 '몸, 건강, 자아실현'이 중심을 이루고 있다. 긴장을 풀기 위해서는 신체적 활동이 얼마나 중요한지 이미 앞에서 언급했다. 그러나 원기를 회복시켜주고 긴장을 완화시켜주는 다른 모든 활동도 영양섭취 부분과 함께 여기에 포함된다.

우리의 인생 계획은 언제나 이 세 분야의 기반을 이루고 있다. 많은 사람은 이 기반을 삶의 의미라고도 부른다. 앞으로는 이 세 분야 모두에 적절한 시간을 할애하도록 노력하라. 그러지 않을 경우 건물은 균형을 잃고 무너질 것이다.

인생 역할을 B과제로 삼는다

그렇다면 어떻게 해야 장기적으로 균형 잡힌 삶을 살 수 있을까? 각 분야에 대해 주당 얼마만큼의 시간을 사용하는지 잘 생

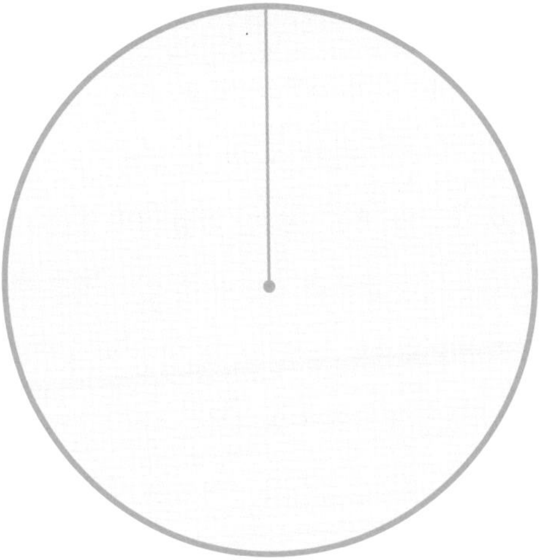

각해보라. 그리고 그 비율을 다음 원 속에 세 부분으로 나누어 기입하라.

만약 당신이 이것들의 중요도를 조금 바꾸고 싶다면, 자신의 인생 역할에 관해 숙고해보아야 한다. 인생 역할이란 당신 생활의 세 분야 중 한 분야에서 자신이 떠맡고 있는 임무를 말한다. 인생 역할에 대한 예로는 남편, 아들, 아버지, 직장상사, 직장동료, 클럽 회장, 테니스 파트너, 경영협회 임원, 대부, 애완동물 주인, 팀장, 친구 등이 있다. 각 분야에서 당신의 인생 역할을 마인드맵으로 요약해보라.

이 역할에는 이를테면 불변적인 것으로 정해진 부모 역할 같은 것도 있다. 그렇지만 시간과 에너지만 빼앗기고 불편하게 여겨지는 역할은 지우도록 하라. 어떤 모임의 총무 같은 역할은 자신도 모르는 사이에 떠맡기도 한다.

그다음으로 당신의 가장 중요한 인생 역할 일곱 가지를 골라내라. 그 이상이 되면 충분히 감당할 수 없기 때문에 곤란하다. 모든 생활 분야가 골고루 포함되도록 신경 써야 한다.

지속적인 균형을 유지하기 위해서는 이 인생 역할 하나하나마다 자신의 인생 계획과 부합하는 목표를 설정해야 한다. 매주 계획을 세울 때 각각의 인생 역할에 대해 적어도 하나의 B과제를 포함하고, 여기에 최소한 60분을 할애하라. 이런 식으로 하면 균형은 지속적으로 유지된다.

공부와 벌이는 게임에서 승자가 되자!

우리는 이 책 전체에 걸쳐 어떻게 하면 새로운 지식을 가장 빠르게, 깊이 습득하여 효과적으로 구축하는가에 관해 다루었다. 마지막 과정은 재구성(복원), 즉 저장된 지식을 불러오는 단계다. 여기서 이전 단계에서 얼마나 잘 학습되었는지가 명확히 드러난다. 각 과정이 매끄럽게 이행되었다면, 당신은 모든 시험, 프레젠테이션 혹은 그 외의 과제 발표일을 침착하게 기다릴 수 있을 것이다. 당신은 애써 습득하고 저장한 정보를 결정적인 순간에 어려움 없이 불러올 수 있다.

우리가 공부를 하는 궁극의 목적은 무엇인가? 바로 필요한 순간에 필요한 지식을 적절하게 써먹기 위해서다. 학습사이클 2단계와 3단계에서 지식의 정리와 저장에 대해 그토록 열심히 설명한 이유도 바로 이 결실을 위해서다. 3단계까지 충실하게 연습하고 실천하여 공부 능력을 쌓아왔다면 이제 저장된 지식을 불러오는 과정은 저절로 이루어진다. 탄탄하게 '구성'된 지식은 '복원'도 자유롭다.

이제 앞으로는 이 지식을 목적에 맞게 응용하는 것이 중요하다. 당신이 학교 공부에 매진하든 대학 입시를 준비하든 혹은 각종 자격시험을 눈앞에 두고 있든, 각각의 경우에 걸맞은 필기시험 기법에 몰두하는 것이 필요하다. 강연을 통해 다른 사람들을 설득하고 싶다면 수사학과 논증법의 기초 지식이 도움이 된다. 이 지식을 응용할 수 있는 가능성은 무한하다.

이 책을 선택한 사람은 누구나 이 새로운 지식을 어디에 어떻게 사용할지 알고 있을 것이다. 중 · 고등학교 학생은 이제 중간고사나 기말시험을 앞두고 우왕좌왕하는 일이 없기를 바란다. 대학 입시를 준비하는 수험생은 시험장에서 시간이 모자라 문제를 다 못 풀었다거나, 문제를 이해하는 속도가 떨어져 제대로 답을 고르지 못했다고 울상 짓는 일이 없기를 기원한다. 각종 자격시험이나 취직시험을 준비하는 사람들, 자기계발을 위해 평생 공부에 매진하는 직장인과 일반인도 마찬가지다.

더 빨리 읽고 더 깊이 이해하는 독서법, 지식과 정보를 효과적으로 정리하는 마인드맵 작성법, 정리된 지식을 안전하게 지키고 저장하는 효율적인 복습법으로 모두 공부의 승자가 되기를 바란다.

빠르고
단단한
공부법